榎本まみ

督促《とくそく》OL

コールセンターお仕事ガイド

リックテレコム

-CALL-

プロローグ

「コールセンターという不思議な世界」

私は、新卒で配属されて以来、ずっとコールセンターという場所で働いています。社会人になって、最初に就いたのはクレジットカードの支払いを延滞しているお客様に入金のお願いをする、「督促《とくそく》」と呼ばれる電話をかける仕事でした。

督促というのは、コールセンター業界のなかでも、クレームやトラブルが多いことで有名です。お金がない状態のお客様に支払いを促すので、当たり前ですよね。払いたくても払えないのに、催促されたら腹が立つのはわかります。支払いができないからこそ、逆切れして怒鳴ってくるお客様もたくさんいらっしゃいました。

コールセンターでは、朝出社してから夜退社するまで、一日中ブースに座って電話をかけ続けました。長い時は朝8時から夜の9時まで、一日中。数えてみると1日500本以上の電話をかけていたこともありました。

電話で相手に何かを説明することの、なんと難しいことか。

それでも絶え間なく電話をかけ続けるよう言われ、少しでも待機時間があると「早く電話をしろ！」と上司からも怒声が飛びます。かかってきた電話を取っただけで怒鳴りつけられることもあり、なんて理不尽な仕事かと驚きました。

コールセンターという職場は、特殊な世界です。

近年コールセンターが増えているのは、業務集約といって同じ業務は1カ所にまとめて、それだけを行うようにすれば効率が上がるためです。

けれど、同じ作業を延々と行うのは、耐性が必要です。それに、電話対応はとてもストレスが多い業務です。多くのオペレータはストレスフルな仕事に耐え切れず、次々と辞めていくので、コールセンターでは絶えず募集と採用を行わなければなりません。コールセンターの離職率の高さや人手不足は、永遠の課題となっています。

私もコールセンターのストレスフルな業務に、何度も逃げ出したいと思いました。けれど、辛いと思うと同時にコールセンターという特殊で不思議な世界に触れ、強く興味を惹かれたのもまた、事実なのです。

電話越しに垣間見る複雑な人間模様。業務が辛いからこそ結束し、絆を深めていく職場の仲間。それに一緒に働く魅力的なオペレータの皆さん。コールセンターは見方を変えれば、このうえなく人間味に溢《あふ》れた職場です。

私はもともと人と話すことが苦手な人間でしたが、強制的にでもお客様と会話をしなければならないコールセンターのおかげで、話すことに慣れ、なんとか人並みに会話ができるようになりました。コミュニケーション能力を磨くうえで、コールセンターほど効果があり、適した場所はないのではないでしょうか。

コールセンターの辛い面と良い面、両方を見るたびに、辛い面はなんとか改善していきたいし、良い面はぜひ世の中に知ってほしいと思います。コールセンターという職場は決して人気があり、誰もが働きたいと思う職場ではありません。

でも、私は少しでもコールセンターの地位を上げたい。でき得るならば、「私もコールセンターで働きたい」と言ってもらえるような仕事にしたい。

そして、それくらい価値のある、素晴らしい仕事だということを知ってほしい。そう思って、日々文章や漫画でコールセンターを紹介する活動を行っています。私もコールセンターの魅力に取りつかれた1人だからです。

この本で少しでも、魅力溢れるコールセンターの世界を紹介できれば、幸いに思います。

目次

CONTENTS

第2章 コールセンターで働く人々

第3章 リーダーの苦悩

登場人物紹介

N本

この本の著者。督促のコールセンターで働くOL。オペレータを経験し現在はSVをしている。オペレータ時代はお客様に怒鳴られることが悩みだったが、現在は後輩たちが怒らせたお客様にも怒鳴られる日々。ちなみに相変わらず上司にも怒られている。

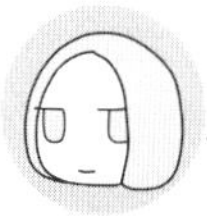

K藤

N本の上司兼教育係。パートのオペレータとして入社し、契約社員、正社員と経て現在はマネージャーにまでなったやり手の女性。教育方法はスパルタで別名コールセンターの悪魔。

O野

N本の後輩の男性社員、N本が教育係をしている。いまどきの若者で敬語は苦手。お客様にもなれなれしい口調で話すので、怒らせる……と思いきや、なぜかクレーマーと仲良くなってしまう不思議な才能の持ち主。

I西

N本の後輩の女子新入社員。N本が教育係をしている。大学ではインド哲学を専攻、インドにかぶれている。将来の夢はインドのコールセンターで働くこと。お客様のクレームに哲学を感じるらしい。

H邑

N本の後輩の女子新入社員。N本が教育係をしている。I西さんとは同期。趣味は人間観察と合コン。美貌と高い女子力を持つが、電話越しではその力を発揮できず（顔が見えないので）、なぜちやほやされないのか不思議に思っているらしい。

Y田

コールセンターでオペレータの採用と勤怠管理を行っている男性。苦労性で胃痛持ち。オペレータが突然辞めたり欠勤したりするたびに胃痛が悪化している。

第1章

コールセンターってこんな職場

-CALL-

1 鳴りやまない電話

「待ち呼10！ 待ち呼11！ 電話に出られる人はとにかく出てください!!」

オペレータの通話で今日もざわめくコールセンターに、SV（スーパーバイザー※1）たちのひときわ大きな声が響きます。

壁には入電数を示す液晶のウォールボードが掛けられ、電話を待っているお客様の人数を「待ち呼」という数字でカウントし、表示しています。

電話が集中すると待ち呼の数はものすごいスピードで増えていき、一定数を超えると緑色から注意を促す真っ赤な色に変わります。

「N本さん！　早く電話取ってよ‼」

前の電話が終わったばかりでまだパソコンに通話記録を入力している私に、SVが次の電話を取るよう急かしてきます。

「まだ、さっきの記録が終わってないんです‼」
「そんなの後で入力してよ‼」
「もう3件も入力してないから、内容忘れちゃいますよ‼」

繁忙期のコールセンターで、オペレータは隙あらば通話可能ボタンを押そうとしてくる

ＳＶを必死でかわしつつ、真っ赤なウォールボードからは目をそらして、入電の嵐が過ぎるのを必死で耐えます。

それでも次から次へと絶え間なく電話はかかってきます。いくら取っても電話は途切れず、この時期のコールセンターは、まさに地獄絵図です。

支払期日、テレビＣＭ——電話が急増する理由

コールセンターの特徴の１つに、〝繁閑差の激しさ〟があります。忙しさ、つまり業務量は電話の入電数と発信数で決まります。そして繁忙期は業種や業務の種類によっても異なります。


例えば、カード会社で督促を行うコールセンターの繁忙期は、毎月カードの支払日の直後です。督促とは、支払日に入金がないお客様に行う電話連絡のことです。なので、当然ですが支払日の直後が対象のお客様が１番多くなるため、もっとも電話をかけなければならない時期なのです。

また、時間帯による繁忙もあります。会社勤めのお客様からの電話が多いコールセンターは、会社のお昼休みや18時以降に電話が集中してかかってきます。

その他、通販のコールセンターではCM放送後などにコールが爆発的に増えるそうです。コールセンターでは常にこの繁忙時期を予測し、あらかじめオペレータの数を増やすなどして、怒涛のごとく押し寄せる電話に備えています。いわば迎撃態勢をとるのです。繁忙期のコールセンターは、雰囲気がいつもと異なり、待機するオペレータの数も多く、空気もピリリと引き締まっています。

しかし、どれだけ対処をしていても限界があり、そもそもの要員不足や突然の欠勤で十分な人手が確保できず、冒頭のように電話が取りきれなくなると、待ち呼が雪だるま式に増えていきます。こうなると電話を取っても取ってもかかってくる、まさにコールセンター名物〝電話わんこそば状態〟となるのです。

注1　SV（スーパーバイザー）――コールセンターの管理職。一般的に、5〜10人ほどのオペレータをまとめるチームリーダーの役割を担うことが多い。主な仕事内容はクレーム対応を代わったり、新人オペレータの育成だが、会社によってはシフト作成やレポート管理なども行う。

-CALL-

2

〝サービス過剰〟に悲鳴をあげる現場

コールセンターは、多くの人が快適に働けるよう
1脚10万の椅子をそろえるセンターもあるとか
いいなあ
さまざまな工夫をしています。
うちでも朝7時に出社して準備する係を当番制でまわしています。
鍵開けて電話の用意して忙しいよーてーっ
バタ
バタ
でも早朝出社は冬は極寒だし
さっ、寒ーー！
部屋にコート着て入ることも…
空調は8時からつきます。
こんな誰かの犠牲の上に
おはようございます
おはよ～
ぐったり
コールセンターは成り立っているのです！

「事故対応、24時間受け付けています!!」

「コールセンターの営業時間を延長しました。オペレータを増やして、ご注文をお待ちしております!!」

ふとつけたテレビで流れる、CMのこんなフレーズを聞くたびに、「この会社のコールセンターは夜中も稼働しているのか……大変だな」「これから注文の電話が大量に入るんだろうな。オペレータさん足りるのかなぁ」など、電話が集中するコールセンターの情景を思い浮かべてハラハラしてしまうことがあります。

世の中が便利になればなるほど、しわ寄せを受ける場所がありますが、コールセンターもその1つでしょう。

予期せぬ交通事故やクレジットカードの紛失時など、緊急の際はいつでも電話がつながるコールセンターがあると安心です。

しかし、そうした安心の裏には、土日祝日、盆も正月も返上で出勤し、真夜中でもブースに座って電話を待っていてくれるオペレータたちの存在があります。

「いつでも電話のつながるコールセンター」は、彼・彼女らのおかげで成り立っているのです。

オペレータのわがままも受け入れる

顧客ニーズを満たすため、どんどん便利になるコールセンターですが、それを支えるオペレータの確保にも大変な苦労があるとよく聞きます。

私が働いていた督促コールセンターは、開設時間が朝８時から夜９時までの13時間で、当然シフト制でした。

朝８時から夕方５時までの「朝シフト」。

昼12時から夜９時までの「夜シフト」。

そして朝８時から夜９時までの「通しシフト」！。

基本的に、この３つを組み合わせ、さらにオペレータに残業を依頼することで調整していました。

けれど、オペレータにもそれぞれ予定や都合があります。

「夜はシフトに入りたくない」

「土日は出勤したくない」

「この日は観劇の予定があるので12時にはあがります‼」

ます。

「介護があるので3時に帰りたい!!」

毎月、シフトを決める前に集める勤務希望票には、こんな要望がぎっしりと書かれています。

シフト作成担当者にとって、日々激務を担ってくれているオペレータの希望を断るのは心苦しく、さらに、断ればオペレータから不満が出ることも分かっているので、毎月シフトを作成するたびに胃を痛め、頭を抱えることになります。

（ああ、もうワガママばっかり言って——!!）

そんな悲鳴を心のうちであげながらも、「この日ってシフト入れない?」「土日、人数が足りないんだけど!」「お正月のシフトが危機的状況で」と、片っ端からオペレータに声をかけまくり、時には懇願してなんとか最低限の要員を確保していました。

オペレータが確保できない場合は、管理者が代わりに電話に出るという会社もあります。要員不足と繁忙期が重なると、社員は朝8時から夜9時までのシフトが1週間も続くなど、一時的にブラック企業と化すこともあるのです。

世の中が便利になることは良いことですが、それを支える人たちは大変な思いをしている一例です。

—CALL—

3 長期休暇は楽じゃない！

私の働いていた督促の部署では、年始の督促が禁止されていたので、正月三が日はコールセンター自体がお休みになりました。けれど、それ以外は土日祝日関係なく営業していました。

世の中には「盆と正月がいっぺんに来たようだ」という、嬉しいことや楽しいことが重なることを例える諺《ことわざ》がありますが、コールセンターにおける盆と正月は、まごうことなき〝戦場〟です。

一般的に、盆暮れ正月、ゴールデンウィークといった長期休暇期間には、コールセンターにジャンジャン電話がかかってきます。

お客様が祝日で家にいると、通販番組を見る人が増えるので注文も増える。

お客様が祝日で出かけると、事故対応やカード紛失の問い合わせが増える。

こんな相関も相まって、いつもより多くの電話を受け付けなければならないのです。

もちろん、そんなことは想定の範囲内なので、数値に強い管理社員が、ビシッと呼量を予測し必要要員数※2を算出して繁忙に備えます。

しかし、迎え撃つオペレータたちも、連休は帰省や家族に合わせて休暇を取る人が増えるのです。

「正月は実家に帰省します！」

「主人が夏休みに入るので、お盆はお休みします」
「世間の人が大型連休で遊んでいるなか、働くなんて嫌です‼」（ホントにこんな理由の人もいるんです）

連休や祝日は、こうした理由でオペレータからの休暇希望が増え、要員確保が難しくなる時期でもあるのです。

つながりにくいと怒鳴られる

入電が増え、要員数が確保できなければ、待っているのは取っても取っても待ち呼が減らない地獄のような光景です。

そんななか、うっかり休日にシフトに入ってしまうと大変です。

電話がつながりにくくなると、長時間待つお客様も増えます。そのため電話がつながった瞬間に、「電話に出るのが遅い‼」と怒鳴られることも多々あります。

そうした経験がトラウマになると、「休日はシフトに入るのはやめよう！」と休日出勤を忌避するオペレータが増え、さらに人が集められなくなる負のループに陥ることになるのです。

このように世間が連休ではしゃぐなかでも、コールセンターでは鳴りやまぬ電話と増え続ける待ち呼に管理者とお客様の怒号が飛び交う、地獄絵図が繰り広げられているのです。

※2　必要要員数――予測した呼量に対し、対応に必要なオペレータの人数。多くのコールセンターでは、アーランC式という計算式を使うことで、顧客の待ち時間も考慮したうえで、最低限必要な数を算出する。昼休みやトイレ休憩の時間も加味するなど、緻密に計算される。

-CALL-

4
ヘッドセットの悲劇！

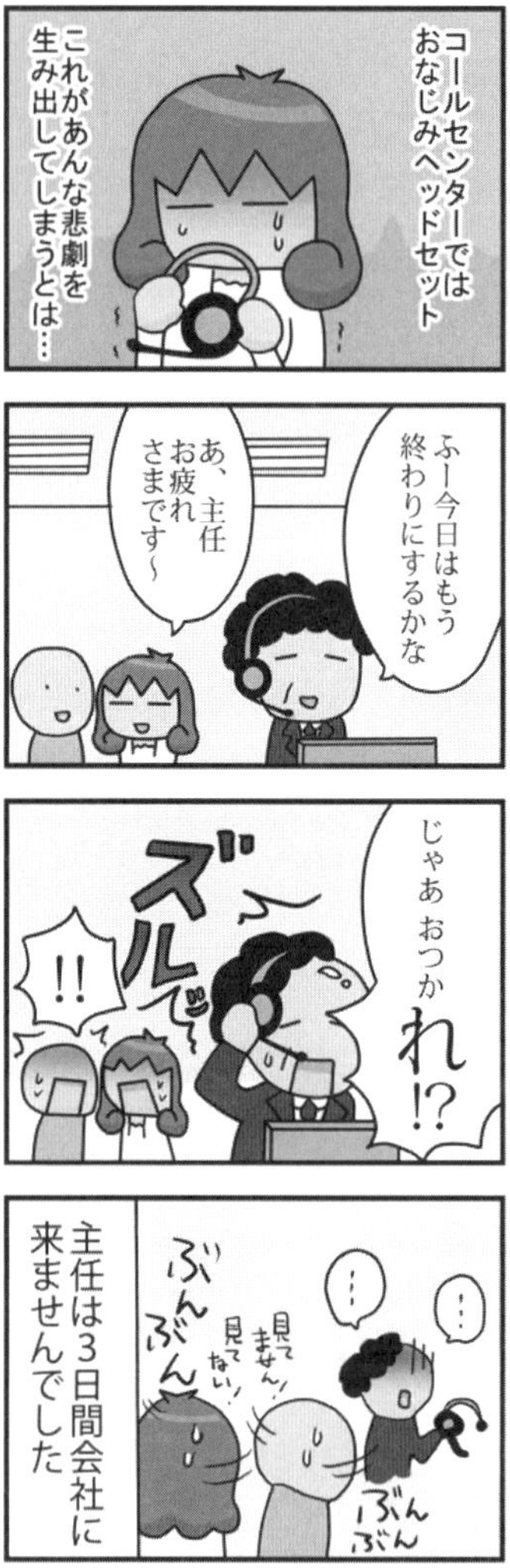

その悲劇はコールセンターの終業時間の間際に起こりました。

舞台は、人もまばらになったフロアの一角。ぽつりぽつりと社員が帰り始める時刻。

私の隣には入社30年の超ベテラン、俳優の大杉漣さん似のロマンスグレー、O主任が座っていました。

O主任は入金困難なお客様と、長時間にわたる交渉を繰り広げていました。

でもさすがベテランのO主任。あの手この手で、支払いを渋るお客様を説き伏せ、何とか入金約束を取り付けることに成功しました。

「さて、帰ろうかな――！」

思いがけず長くなってしまった電話の後、その月、かさんでいた残業時間を気にしてでしょうか。少し急ぐ素振りでO主任が、ヘッドセットに手をかけた時。


ズルッ……。

ヘッドセットとともに、頭部から何かが持ち上がるのを、私は視界の隅にとらえました。

――ま、まさか……。

固まる周囲と私。そして固まるO主任。

その一瞬は永遠にも感じられ、私たちは奇妙な一体感に包まれていました。


ズボリ。

静寂を破ったのはO主任でした。主任は、そのままヘッドセットを頭部に装着。何事もなかったかのようにキーボードをカチャカチャ叩きだします。

（見てはいけないものを見てしまった――）

その後、決定的瞬間を目撃した私を含めた数名は、O主任がヘッドセットに手をかけるたびに、奇妙な緊張感に包まれるようになったのです。

ヘッドセットは必需品?!

このようにコールセンターといえばイヤフォンとマイクがセットになったヘッドセットが欠かせません。

私は、出社してヘッドセットを着けた途端に臨戦モードに切り替わって気合いが入ることがあります。ヘッドセットは、オペレータにとって「変身アイテム！」のようなものかもしれません。

しかし、なかにはヘッドセットが、なぜか壊滅的に似合わない人もいます。例えば頭の大きい男の人はヘッドセットがカチューシャのような位置にフィットしてしまうので、いかめしい男性ほどヘッドセットを着けた途端に可愛らしくなってしまうのです。

たかだかヘッドセットではありますが、O主任のように秘密を暴かれる人もいるので、着脱にはくれぐれもお気を付け下さい。

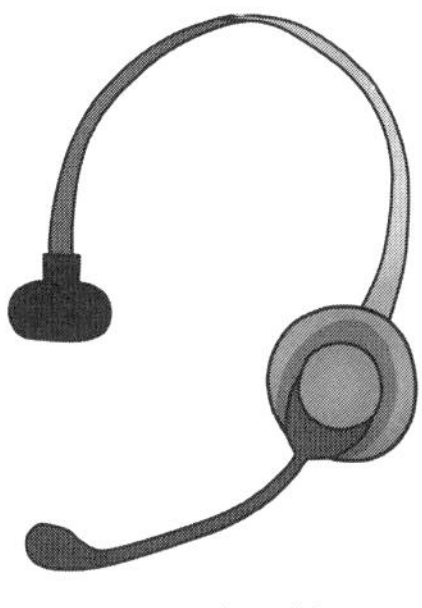

▲周囲の音を拾わない指向性マイク

※片耳（右・左）タイプ、両耳タイプがあります

-CALL-

5　床は穴だらけ?!

コールセンターの天井は低い所が多いです。
新入社員の時ビックリした
パソコンや電話などの配線を床下に置くので
床が上げ底になっているからなのですが…
床下はカオス
うちのコールセンターは古いのでうっかり気を抜いていると…
ズボッ
!?
バキッ
床をぶちやぶることが多々あります。
もう絶対ヒールなんか履かない…!
そして下がる女子力
↑穴

ズボッ！

「……えっ?!」。あるコールセンターで、オペレータのサポート業務※3をしていた頃のこ

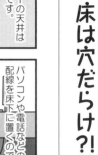

とです。私にしては珍しく履いていた5センチのハイヒールのカカトが、勢いよく床に突き刺さってしまい、そしてそのまま勢いで思い切り転倒してしまいました。

「イタタタ……」と、顔をしかめて立ち上がると、周囲はびっくりしてチラチラこちらを見ています。

恥ずかしさと気まずさを隠し、なんとか平静を装って立ち上がると、足元に違和感が。ヒールは根元からポッキリと折れてしまっていたのです。

（なんでこんな所に穴があいてるの――?!）

よくよく床を見ると、所々カーペットがめくれ、穴が開いています。穴はガムテープで申し訳程度に舗装されています。そう、コールセンターの床は穴ぼこだらけだったのです。

実はこれ、ちょっと古いビルに設置されているセンターではたまにあるお話のようです。古いコールセンターではネットワークの配線を床に通すため、通常の床の上にもう一段床を作り、上げ底にしている所が多いのです。

しかも上の床は通常より薄いため、ハイヒールなどで勢いよく踏みつけると簡単に穴が開いてしまいます。開いた穴はガムテープで隠されるため、そこをまた別の人がハイヒールで通ると、穴にハマり足を取られ転ぶという連鎖事故が起こります。

年頃の女性が多く働くコールセンターでは、おしゃれなハイヒールを履いてくるオペレータは少なくありません。そのため床の穴は日々増えていく一方なのです。

コールセンターのリーダーは肉体労働！

そもそも、コールセンターのサポート業務は一日中走り回る仕事です。応対中、わからないことやクレームで困ったオペレータが手を挙げると、すぐに駆けつけ助けます。サポート業務に就くと、ヒールや走りづらい靴は履かなくなり、フラットシューズやスニーカーが定番となっていきます。こうなると、女子力は下がる一方です
また、もっと古い建物の場合は、床下がネズミさんの天国になっていることがあります。ネズミが床下の配線をかじってしまってシステムが落ちた、なんてことを昔はよく聞きました。
日中は床の上をばたばた人が走り、夜は床下をネズミが走り回っている――コールセンターは昼も夜も騒がしい場所なのです。

※3　サポート業務——SVがオペレータを補助する業務。オペレータから質問を受けて答えたり、オペレータがクレームを受けた際の転送を受けるなど、「困っているオペレータを助ける」業務のこと。オペレータは基本的にブースを離れられないので、SVは呼ばれるとすぐに駆けつけなければならない。業務に関することだけではなく、「ペンのインクが切れたから持ってきて」「空調が暑い」といったことまで、注文は広範囲にわたる。

-CALL-

6 密室の運命――パンデミックに気をつけて!!

コールセンターは人が多く密室なので
冬はインフルエンザや風邪が流行します
風邪に注意
予防
ぐったり…
すみません風邪ひいちゃいました…
お休みします
気をつけろって言ったでしょ!
次の日
おはようございま…
うわっ!
ブシュー
殺菌よ
ゴメンナサイ…
病原菌扱いやめてください

「オペレータのBさん、今日お休みです。インフルエンザ第1号です!!」

ある朝、当日欠勤の連絡を受けたSVが叫ぶと、周囲が一瞬にして凍りつきました。

「そんな――もうですか?!」

「早すぎる!! まだ予防接種も受けてないんですよ?!」

「とにかく今日から厳戒態勢!! 消毒用アルコールを徹底させること!!」

（……なんだこれ……?）

新入社員の頃、コールセンターで初めての冬を迎えた私は、周囲のただならぬ緊張感に、ポカンとするばかりでした。

コールセンターは密室です。フロアは広く、エアコンも効いているので、どんなに加湿器を増やしても常に乾燥しています。そのうえ、何百人というオペレータが一日中電話でしゃべっています。

つまり、コールセンターという場所は、ウイルスや細菌にとっては繁殖に理想的な状況が整っているのです。

そんなコールセンターでは１人感染者が出ると、あっという間に拡がります。風邪やインフルエンザが流行るとオペレータのブース（座席）が次々と空席になっていき、ウイルスに浸食されていく様子がはっきりとわかります。

でも、ただでさえ万年人手不足のコールセンター。欠員が増えると、その負担が出勤しているオペレータに重くのしかかります。

このため、冬になると流感予防が徹底されます。１人でも欠員を出さないように、万全の態勢でウイルスを迎撃しなければならないのです。

「今日の欠勤は３名。Ｃさん、Ｄさんがインフルエンザ。――Ｅさんは、ノロウイルスです‼」

「昨日３人が座っていた座席を徹底的に消毒して‼」

こうして欠勤者が出るたびに、その前日にオペレータが座っていたブースは〝消毒班〟によって、徹底的に消毒されていきます。

感染源が管理者なら〝戦犯〟?!

そんななかでもっとも恐ろしいのは、自分が感染源になってしまうこと。オペレータがお休みの場合は「お大事にしてください！」と労わりの言葉がかけられますが、SVや管理社員が罹患《りかん》しようものなら、〝戦犯〟扱いは免れません。上司に呼び出され叱責され、血祭りにあげられることもあるようです。

そんなある年の冬のこと。

「今年のインフルエンザ、第1号が出ました。――部長です!!」

「部長ぉぉぉぉー!!」

なんと感染源は日ごろ口酸っぱく予防を推奨していた上司でした。運よく（?）、トップが感染源となってしまったその年は、インフルエンザにかかった社員たちが珍しく優しく接してもらえたのでした。

-CALL-

7 地方の豪華コールセンター！

コールセンターに勤務する社員（管理者など）には転勤がつきものです。「地方に新しいコールセンターを立ち上げることになった」「関西と関東のコールセンターを統合することになった」など、コールセンターの新設や移転はよくあることで、社員は頻繁

に異動を命じられます。

とくに、テレマーケティング・アウトソーサー※4と呼ばれるコールセンター業務を請け負う会社の社員は、全国各地を飛び回ることがあります。昨年は名古屋の自動車メーカーのコールセンターでリコールの対応をし、今月は大宮の保険のコールセンターで事故受付、来月は池袋の食品メーカーのコールセンターで苦情対応など、絶え間なく勤務地と仕事の内容が変わります。なかには年に数回引っ越す人もいるそうです。

コールセンター業界では、本社は東京なのに、コールセンターは沖縄など地方に設けられていることもよくあります。コールセンターでは何十人、何百人という人を雇用するため、人件費やテナント料が比較的安い地方なら、運営コストを低く抑えられるためです。地方に拠点を構えることで管理は難しくなりますが、一般的に、「運営費の7割が人件費」と言われているので、コストメリットはとても大きいのです。

各地で勃発！オペレータの争奪戦

雇用を生み出したい地方自治体の誘致活動も、コールセンターの地方進出を加速させる一因になりました。しかし、最近ではこれが大きな課題を生んでいます。地方でもオペレータの採用難が起こりつつあるのです。

誘致にとくに積極的な地域では、あまりに多くのコールセンターが一斉に進出したことでオペレータの争奪戦が起こったほどです。ある地方都市では、新しいコールセンターができるたびに、人材派遣会社がすでにある別の会社のコールセンターの前で、時給を少し高く設定した求人のビラを配り、オペレータをごっそりと引きぬいてしまうことがあるそうです。

そんなことを繰り返しているうちにオペレータの時給が高騰し、コストダウンを目的に地方にコールセンターを作ったのに、意外とコストがかかってしまったという矛盾も出てきているようです。

そんな争奪戦の結果、時給だけではなく待遇や設備も驚くほどよくなっているのが、地方のコールセンターです。

一般的に、オペレータはほとんどがパートやアルバイト、契約社員などの非正規雇用ですが、地方では、非正規雇用で働くことが習慣的に受け入れられない所も多く、「正社員じゃないなんて大事にされないのではないか！」と家族が反対し、採用できないケースが少なくありません。このため、多くの地域でオペレータの正社員化も進んでいるそうです。

オフィスの設備もどんどん豪華になっています。広々とした執務スペースに休憩室、無料で食べ放題の社員食堂や託児所など。

地方センターの写真を見ると、そのあまりの広さとキレイさ、豪華さに目を奪われます。私が働く都内のコールセンターなんて、床に穴が開いているというのに……。この差がちょっと悲しいところでもあります。

※4　テレマーケティング・アウトソーサー――電話受付、セールス、注文受注など受発信業務からプロモーション、バックオフィス業務まで、コールセンターに関連するあらゆる業務を請け負うサービス会社。自社のコールセンターで業務を行うケースや、クライアント企業のコールセンターに常駐して業務を行う場合などがある。

-CALL-
8
天国か地獄か―働きやすさに格差あり！

私がメインにやっているのは
色々あってコールセンターは一通り経験してますが
督促状
督促《トクソク》　というお仕事です。
督促とはカードや家賃などの支払いが遅れているお客様に
お支払いの確認が取れていないのですが…
などと入金のお願いをするお仕事です。
自己紹介をすると大抵
督促って何？
そのままの君でいて
と聴かれます。
逆に督促を知ってると
えっ督促？
もしかして…
ぎくっ
ちょっと怪しいです。

ひとくちにコールセンターといっても、やっていることは各社さまざまです。どんなコールセンターで働くのかによって、天国と地獄ほどの差がある、といっても過言ではありません。

業務の種類や商品によっても顧客層は変わります。例えば、督促のコールセンターではキャッシング専用カードの督促と、クレジットカードの督促、ショッピングクレジットの督促の3種類を行っていましたが、それぞれお客様の属性がまったく違っていました。

キャッシング専用カードとはその名の通りお金を借りることしかできないカードで、お客様は男性が多く、他社にも借り入れがある人が大半でした。お金を返したくても返せない苛立ちがあるのか、督促をすると、とにかくよく怒鳴られました。

一方、クレジットカードやショッピングクレジット（物品やエステの契約など高額商品の分割払い）の利用者は男女比が半々。怒鳴る人は比較的少なく、キャッシング専用カードに比べれば穏やかで天国のようでした。

一日中漫画を読めるコールセンター

そしてなんと世の中には、全然電話が鳴らないコールセンターがあるそうなのです。

私が以前お会いしたオペレータさんは、とある会社の問い合わせ窓口で働いていたそうですが、1日数本しか電話がないため、電話をしていない時はずっと漫画を読んでいたと言っていました。あまりに電話がこないためそのコールセンターは廃止されてしまったそうですが、「あんなに良いコールセンターはなかった」としみじみ語っていました。

また、とある高級化粧品の通販を取り扱うコールセンターは、お客様の大半が女性で、物腰も上品なお客様ばかりだそうで、クレームで怒鳴られることなど滅多にないそうです。

そのため、オペレータの定着率はなんと100％。「まったく人が辞めないので、ここ数年は新規採用をしていない」と言っていました。1年で8割が辞めてしまったことのある督促のコールセンターで働いていた身としては、大変羨《うらや》ましく感じてしまいます。

時代や外部環境の変化によってもコールセンターは変わります。

例えば、インターネットの普及に伴い利用者が爆発的に増えたネット通販業界では、近年コールセンターがどんどん拡大しているそうです。店舗がないためお客様は問い合わせやクレームを電話やメールで行うことになります。そのためサポート窓口としてのコールセンターが増えているのです。

その他、1週間や1カ月といった、短期間だけ設置されるコールセンターもあります。

例えば、発売後に商品に欠陥が見つかってしまい、一定期間だけその商品へのクレームや問い合わせを受けるコールセンターなどです。

そんなコールセンターのオペレータは短期契約のアルバイト。クレーム対応のスクリプトを渡され、毎日ひたすら謝り続けます。短期間だけ、と分かっているから耐えることができるのでしょうが、もちろんストレスは多く、そういったコールセンターのトイレには、誰が殴ったのか穴が開いていていました。

コールセンターは多種多様で面白い職場です。複数のセンターを渡り歩くだけでも退屈せず、さまざまなスキルが身につきそうです。

現在、国内のコールセンターで働いている人数は、推定60万人以上と言われています。これだけたくさんコールセンターがあるのならば、生涯1度でもコールセンターで働いたことがあるという人は、案外ものすごい数がいるのかもしれません。

コールセンターの種類や特徴を知っておけば、「女性相手のコールセンター！」「怒られることが少ない商品を扱っている」など、条件を確認して応募することもできそうです。

自分に合ったコールセンターに出会えれば、心穏やかに働けるかもしれませんね。

座談会 1

【コールセンターで働く人に聞いてみました！①】

私たちとコールセンターとの出会い

コールセンターで働くきっかけややりがいは人によってさまざま。コールセンターで日々楽しく働くＮ田さん、Ｋ子さん、Ｔ島さんの３人にお集まりいただき、コールセンターで働く魅力や苦労話を聞きました。

登場人物

Ｎ田さん　損保会社コールセンター勤務。参加者中最年少のフレッシュなSV。

Ｋ子さん　損保会社コールセンター勤務。自動車保険がメインのチームでSVをしている。

Ｔ島さん　某IT企業コールセンターマネージャー。さまざまなコールセンターを経験したコールセンターのプロ。SVが集まる研究会を主宰している。

Ｎ本　本日は、コールセンターでSVやトレーナーとしてご活躍されている方々にお集まりいただき、「コールセンターってどんな所?!」ということをお聞きしたいと思います。まず、皆さまと「コールセンターの出会い！」についてお聞かせください。

N田さんは保険会社のコールセンターにお勤めですよね。きっかけは求人誌か何かですか？

N田　今の仕事は求人サイトで見つけました。最初はオフィスワークで探していたのですが、事務だと経験や資格が必要でした。「何もなくてＯＫ！」なのがコールセンターで、「これならいけるんじゃない?!」ぐらいの、すごく軽い気持ちで応募しました。座って一日中電話でお客さんとしゃべっていればいいし、時給も割といい。正直、「ラクそう」って思いました。

N本　確かに、ラクそうというイメージで入社されるオペレータは少なくないですね。立ち仕事と比べれば体力的にはラクかもしれません。でも、電話の仕事は「クレームが多い！」というイメージで精神的にキツそうだという心配はありませんでしたか？

N田　学生の時にもコールセンターでバイトをしたことがありましたし、私自身も結構、電話が好きなほうだったので、全然抵抗はありませんでした。むしろ、お客様のお役に立てるところが好きで続いています。扱う商品が海外旅行保険なので、割とウキウキした電話が多く、クレームは比較的少ないと思います。

N本

クレームが多いか少ないかって大きいですね。K子さんはいかがですか。

K子

今の職場は損害保険会社のコールセンターで、２００８年から働いていますが、実は、前職も保険会社だったんです。新卒で入社し、７年間、営業事務をしていました。そこでは、「よければコールセンターもご利用ください！」とお客様にご案内していたのですが、コールセンターがどんな所なのかあまり理解していませんでした。転職の際、自動車保険の知識が活かせると思い、今の職場に応募しました。保険業界は、主な顧客接点は営業マンだと思っていたのですが、想像していた以上に多くのお客様がコールセンターを利用していることを知ってびっくりしました。

《「プロジェクトリーダー募集」に惹かれて》

N本

T島さんがコールセンターに入ったきっかけは？

T島　2002年、転職情報誌に「プロジェクトリーダー募集！」って書いてあったのを見て、「カッコいい‼」と思っちゃったんです。

N本　カッコよさを求めて、コールセンターと出会ったのですね。

T島　でも、全然カッコよくいきませんでした（笑）。最初は製薬会社のコールセンターに配属。治験のため患者さんを募集するコールセンターです。肩書に憧れて張り切って入社したものの、「エクセルできない」「パワーポイントできない！」「エスカレーションできない‼」のナイナイづくし。あまりのできなさ加減に、鬼のセンター長から朝イチに「出て行け‼」と怒鳴られたこともあります。本当に出て行って、朝から公園でブランコ漕《こ》いでましたよ。

N本　胸いっぱいの希望が、みるみる萎《しぼ》んでいった様子が伝わります。

T島　毎日夜中の1時過ぎに帰宅して、朝は7時に出社するような生活が続き、「限界かも」と思った矢先、いきなり北陸に転勤になりました。最初は出張と言われ、2週間ほど過ごしたら、「引っ越そうか」と言われ、ズルズル4年。当時は「騙された！」とヘコみながら過ごしていましたよ。でも、その北陸センターでSVやマネージャーを経験して、大きく成長できたので、今では感謝しています。結婚もできましたしね。

N本　センター内恋愛ですか？

T島　ええ。2年半付き合っていたんですが、周りにはずっと隠していました。オペレータが数百人いるので、職場の近くで会えばすぐバレてしまいます。わざわざ県外で落ち合って現地解散、というようなデートでした。噂が一人歩きしてしまうとマネジメントしづらいので、隠すことには必死でした。

《出会いがあるから成長を実感できる》

N本　コールセンターは多くの人が働くので、さまざまな出会いがありますよね。

T島　嫁との出会いもありますけど、僕がコールセンターの仕事にハマってしまったのは、その北陸センターがきっかけです。こちらが真剣に教えたり育てたりすると、

すべて響いて返ってくるんだということを体験しちゃって。別のセンターに転勤になってそのコールセンターを卒業する時に、70人くらいの仲間が送別会をしてくれたんですよ。わざわざその送別会のために休みの日に集まってダンスや歌を練習してくれ、披露してくれました。その時のDVDがまだ手元にあるんですが、今でも見ると泣けてきます。

K子
お客様対応は１対１ですが、コールセンターって意外とチームプレイなんですよね。私も、自分がチームに働きかけたことでメンバーの意識が変わったり、業績が上がっていくことに喜びを感じます。

N田
私は、応対コンクールに出場した時、他社

のコールセンターで働く人たちと出会い刺激を受けました。それまでは、「うちのセンター、なんだか暗くて嫌だな！」って思っていて、「もっと明るい雰囲気の職場に転職したい」とも考えていました。でも、コンクールをきっかけに視野が拡がって、転職して場所を変えるんじゃなくて、今いる場所を自分が変えていくっていうことができないかと考えるようになりました。

N本

多くの出会いがあるからこそ、成長の機会もさまざま。コールセンターの魅力のひとつかもしれませんね。

（座談会の続きは１４２ページから）

第2章

コールセンターで働く人々

-CALL-

1
どんな人も受け入れる懐の深い職場

私「そういえばコールセンターで働くオペレータさんって、〝だいたいこんな感じ〟っていう典型的なタイプの人っていないんですよね」
担当編集「タイプ、ですか？」
私「そうなんです。若者もいるし年配の人もいる、派手な人もいるし地味な人もいる、不思議と典型的なタイプっていないと思うんです」

この本の取材でさまざまなコールセンターを回っている最中に、担当編集さんとこんな会話をしたことがあります。

私の描くオペレータのキャラクターはどちらかというと没個性的ですが、コールセンターで働く人々は本当に多種多様です。

例えば、本書でも取材させていただいた高級化粧品のコールセンターでは、商品の化粧品の熱烈なファンでもある40代、50代の上品な女性が多く働いていて、さながらサロンのようでしたが、とある通信系のコールセンターでは服装・髪型などが完全に自由なので、男女とも色とりどりの髪の色の若いオペレータが働いていて、とても自由な雰囲気でした。

また、新宿三丁目の駅近くにある、とあるコールセンターでは、採用する時にはわからなかったけれど、蓋《ふた》を開けるとオネエ系の人ばかりが集まっていた……なんてこともあるそうです。コールセンターによって、働く人も雰囲気もまったく異なり、それぞれ個性を持っています。

24時間稼働しているコールセンターでは、昼間はパートの主婦が中心で、夜間はバンドマンや学生ばかりと、働く人たちがガラリと変わってしまうんだとか。昼と夜でもコールセンターの顔はまったく違ってしまうのです。

アイドルや芸人のタマゴも活躍

こんなにも多種多様な人が集まるのも、コールセンターがどんな人でも受け入れている、懐の深い職場だからかもしれません。

コールセンターは経験がなくても応募ができて、一般的に時給が事務や販売／接客業よりも高めに設定されています。また、シフト制のため勤務時間にある程度融通がきくようになっています。

このため、離婚したてのシングルマザーや突然のリストラによって職を失ってしまった中年サラリーマンを一時受け入れる場所になったり、夢を追いかけるバンドマンや売れていないお笑い芸人、デビューしたての俳優、アイドル、昼間だけ働きたい主婦まで、ありとあらゆる人々が働いています。なかなかここまで多種多様な人を受け入れてくれる職場もないのではないでしょうか。

私の働いていたコールセンターでも、夢を追いかけながらオペレータを続け、有名になった人たちがいました。

非正規雇用の仕事は、「夢を追う若者の労働力を搾取している」と批判されることもありますが、〝持ちつ持たれつの関係〟と割り切れるのであればよいのではないかと私は思います。

色々な人を垣根なく受け入れ、働く人の事情に寄り添える所。普通に生活をしていたら出会えないような個性豊かな人たちに出会える所。コールセンターとは、そんな魅力的な場所でもあるのです。

CALL 2

ゴスロリ、モヒカン——見えないからこそこだわれる!

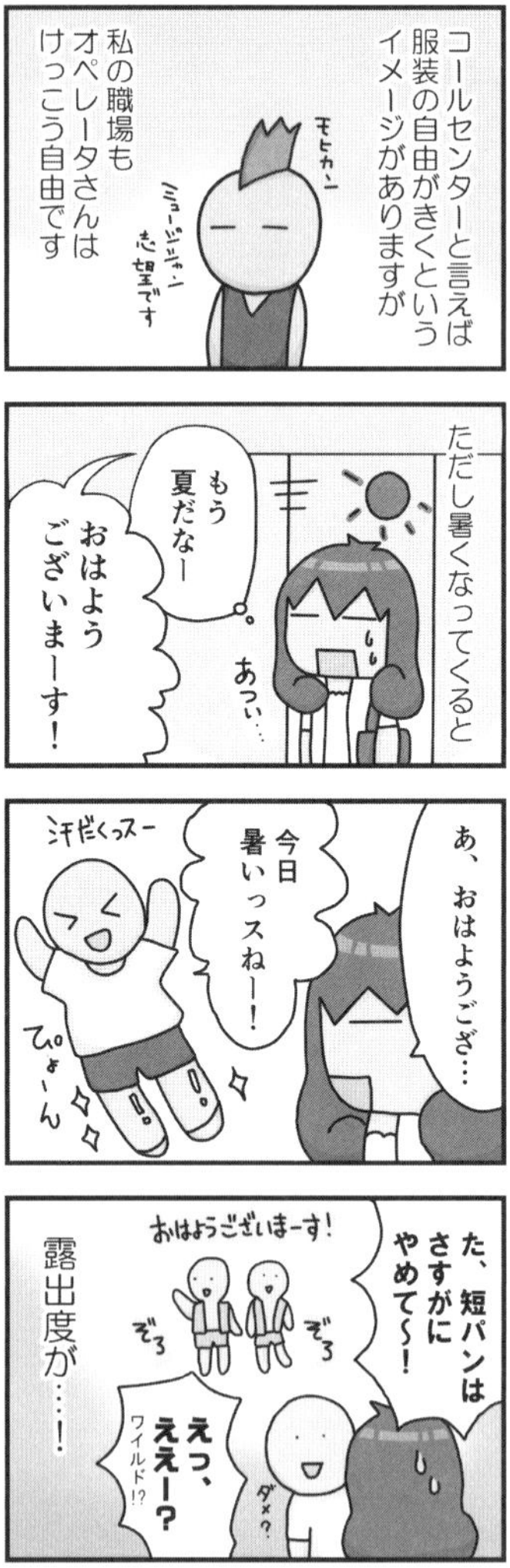

「服装自由!」「茶髪・ネイルOK!」

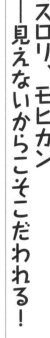

こうした謳い文句が、コールセンターの求人広告ではよく見られます。

人前に出ないお仕事のためでもありますが、コールセンターは比較的不人気職でもあるので、服装の自由度を強くアピールすることで人材を集めているのです。

そんなこんなで、コールセンターには自然と奇抜なファッションや髪型のオペレータが多く集まります。

いかにも「バンドやってます！」というパンクファッションな方々から、大きなパニエが入ったスカートを穿いていつも狭そうにブースに座っているゴスロリちゃん。長く伸ばされたネイルアートで華麗にキーボードを叩くオネエの方々まで、さまざまです。

そうはいっても、「さすがに社会人としてそれは……！」と思う格好をしているオペレータには注意をしなければなりません。女性であれば、あまりに露出度の高い格好や、ヘッドセットのマイクに音が拾われてしまいそうな、じゃらじゃらとしたアクセサリーは控えてもらいます。

もちろん男性でも、露出は問題です。夏場、蒸し暑くなると短パンにビーチサンダルで出社してくる男性もいます。また、女性に負けずかなり短いショートパンツ（しかもなぜか足の毛が異様にキレイに処理されている）を穿いている男の子を捕まえて「○○くん、ちょっとそのズボン……丈が短いんだけど……」と注意するのはこちらもなかなか気恥ずかしいものです。

「髪型自由」で蛍光ピンク、モヒカン、坊主まで

コールセンターでは基本的に髪色・髪型は自由な場合が多いのですが、あまりにも派手な蛍光ピンクにしてきた女性は、さすがに上司に目をつけられて何度も注意されていました。ついに「染め直さないとクビだ！」とまで言われ、やっと黒髪に戻したのですが、実はそれがウィッグで、上司も参加している飲み会で酔っぱらって外してしまい、慌てて彼女の頭を隠したことがありました。

その他、髪型で印象的だったのはバンドマンでモヒカンのオペレータです。ヘッドセットを装着すると、どうしてもモヒカンが前後で別れてしまうのです。帰り際にニワトリのとさかのようになったモヒカンが揺れているのを、毎日微妙な気持ちで眺めていたことがありました。

あと、コールセンターで意外に高いのが坊主率。「坊主って楽ですよー。散髪は家でき

るし、洗うの楽だし」という理由で、勤務歴の長い男性オペレータはどんどん坊主になっていきました。たしかに意外と坊主って普通の職場ではNGですもんね。

そんな色とりどりのファッションと髪型と、坊主頭が入り乱れる、コールセンターは見ていて不思議と飽きない職場なのです。

-CALL-

3

外国語、方言、演技力 ——意外と重宝されるスキル

働いている人もさまざまなら、コールセンターに電話をかけてくるお客様にも、いろんな方がいます。怒鳴る方、酔っぱらっている方、ご高齢の方、外国の方など、なかには一癖も二癖もあるお客様もいらっしゃいます。

そんなバリエーション豊かなお客様の対応をしなければならないコールセンターでは、どんな技術が役に立つかわかりません。やっててよかったこんな仕事、持っててよかったこんな資格。昔取った杵柄《きねづか》もバカにはできないのです。

重宝されるスキルで、ポピュラーなものはやはり語学力です。いきなりかかってきたカタコトの電話で「ワタシ、日本語、ハナセマセン」と言われ、オペレータが慌てふためくことも最近は珍しくありません。そんな事態に備えて、オペレータの語学レベルをチェックしておくのも管理社員の役割の1つです。

あらかじめオペレータのスキルを把握しておけば、突然英語で電話がかかってきても「今日は英語が喋れるAさんが出勤しているからAさんに回して！」と迅速につなぐことができます。人材派遣会社の紹介シートに語学力が明記されていることは意外と少なく、管理社員はオペレータとのランチ中に「そういえばAさんて留学経験があるんだって」といった噂話を聞いて地道に情報を収集しています。問題が起こった時でも、とっさに対処できるのは、こうした日々のコミュニケーションの賜物《たまもの》なのです。

外国語のみならず、方言が分かることもコールセンターでは意外と重宝されます。

地方のご高齢のお客様とお話をしている時など、大変失礼なのですが、方言のため何を話しているのかまったくわからないことがあるのです。

新入社員の頃など、あまりに方言がきついお客様に当たった時は「どうしよう、何言ってるのか全然わからない……」と涙目で天井を仰いでしまったことがあります。

そんな時のためにも、管理社員はオペレータの出身地をさりげなくチェックしておきます。方言がきついお客様からの電話を、その方言がわかりそうなオペレータに転送することもあるのです。

演技力やスマホの使いこなしも評価ポイント

また、芸能関係の副業をしている方はオペレータとしてもとても優秀なスキルを持っています。コールセンターにはデビューしたての役者さんや、声優さんを目指して学校に通っているオペレータがいますが、そういった方々は専門学校や劇団で発声法を勉強しているため、声が段違いで良いのです。演技力があるとお客様への共感を強く示せるので、クレーム対応もスムーズにいくことがあります。

あと、意外に役立つのがインターネットやスマートフォン（スマホ）の知識です。業種業態に関わらず、スマホからの問い合わせが増えていて、最近はアプリ経由の問い合わせも少なくありません。Ｗｅｂやアプリの不具合や操作方法に関する問い合わせは、スマホを日常的に使いこなしている若手オペレータのほうが得意としています。

コールセンターではどのような知識やスキルが重宝されるのか、意外と分からないものなのです。

-CALL-

4 優秀さを測るモノサシは1つではない

般的に優秀な電話のオペレータとは、「電話の応対が感じよく、業務知識が豊富でどんな質問にも答えられ、礼儀正しく、気遣いができる」――そんな人物がイメージされます。でも、こうしたオペレータであればどんなお客様にも対応できるかというと、必ずしもそうではないのです。

例えば、Aさんという女性のオペレータがいました。Aさんはコールセンター歴も長いベテランです。業務知識も豊富でお客様のどんな質問にも難なく答え、応対の印象もとても良く、そのうえうっとりするような美声です。当然お客様の評判も良いので、たびたびお礼の電話もかかってきます。コールセンター内で開かれる応対コンテストにも積極的に出ています。

けれど、滅多にクレームを起こさないAさんが、ある日お客様に怒鳴りつけられ、電話を切られてしまう事態が起きました。驚いて通話記録を聞いてみると、別段失礼と思われるような対応はありません。ところが、お客様は突然、「あんたの、そのアナウンサーみたいなしゃべり方が気に食わない！　そういうのが1番腹が立つんだよ‼」といって電話を切ってしまったのです。

実はこういうお客様は一定数いらっしゃいます。とくに高齢のお客様に多いのですが、コールセンターで推奨されている「丁寧」かつ「簡潔でわかりやすい話し方」を、「人間味がない」「マニュアル的だ」と嫌って、話している最中に前触れもなく突然怒り出してしまうのです。

タメ口が奏功する場合もあり

けれど、基本的にコールセンターでは丁寧な応対を推奨しています。ところが、先日、コールセンターに入ったばかりのB君という男の子は敬語が大の苦手で、お客様相手にいわゆる「タメ口」で話すのです。何度も注意を受けていましたが、いっこうに直りません。そんなB君が電話を取り始めたらさぞクレームを起こすのだろうと、現場は戦々恐々としていたのですが、不思議な現象が起こりました。

B君は「だからさー」「そうでしょ?」などと、相変わらずタメ口で話しているのですが、そのあまりのフレンドリーな態度に、お客様もつい打ち解けてしまい、最後は仲良くなって終わってしまうのです。

そんなB君に、先日Aさんに怒鳴ったお客様から電話がかかってきました。相も変わらずタメ口で対応するB君に、いつクレームになるのかと隣でハラハラと様子を見守っていると「お兄ちゃん話わかるね！」とお客様が上機嫌なまま会話は終了。

「私、自信なくしちゃう……」と、その様子を見ていたAさんはますます落ち込んでしまいました。

オペレータとお客様にも相性というのがあるのでしょうが、コールセンターでは何がプラスになるのかわからないこともあるのです。

-CALL-

5 繰り返される出会いと別れ

繁忙期
もう無理です！
人が足りませんーー！
喜べ！新しいオペレータが入るぞ
えっ！
なんと5人も入ってくるぞ～
パアアアァ
た、助かるーー！
やった！
そして10人卒業する
お世話になりましたー
ごふぅっ！
春は出会いと別れの季節です

コールセンターは常に人手不足で、一年中募集と採用が繰り返される特殊な職場です。せっかく採用しても数カ月で4～5割が辞めてしまうことはざらで、1年経った頃には8割も辞めてしまう過酷なコールセンターもあります。

稀《まれ》にオペレータの定着率がよいコールセンターもあって、「ほとんど人が辞めない」なんて話を聞くこともあるのですが、それは本当にレアケースです。


離職率が高い要因はさまざまです。一日中電話という単調な業務なので飽きてしまうということや、クレームで怒鳴られることも多く、とにかくストレスフルな仕事であるということも原因の1つです。

ほとんどが非正規雇用なので、もともと長く続けるつもりがない人もいれば、派遣社員で働いている場合は雇用期間の制限もあります。本業を他に持っていて、コールセンターには副業として働いているオペレータも多く、本業が忙しくなると卒業してしまうこともよくあります。


そんなこんなで、コールセンターでは毎日のように「今日は××さんが辞めます」「今月の退職者は10人目です」と朝礼で発表があります。働いている人数も多いので、「最近○○さん見ないねー」と何気なく話題に出すと、「先月辞めましたよ」なんて返ってくることも日常茶飯事です。

このように離職率の高いコールセンターでは、ベテランオペレータの存在はまさに財産といえます。とにかく長く働いてくれているだけでもありがたいのです。

春は別れの季節

そんなオペレータが、一斉に辞めてしまう季節があります。春です。

ある人は進学のため、ある人は就職のため、ある人は契約期間満了のためと、とにかく、春は多数のオペレータが辞めてしまいます。


私の働くコールセンターに、保育士を目指して頑張っていた男の子がいました。シフトの融通がきく職場とはいえ、試験勉強や実技試験のためのピアノレッスンなど、いつも忙しそうにしている姿をずっと見守ってきました。

そんな彼が、ある日、「N本さん！ ありがとうございます。保育士の資格、取れました！」と満面の笑みで報告してきてくれたのです。

苦労する様子を見ていたので、胸にこみ上げるものがあり、思わず言葉に詰まる私。

すると彼は、続けてこう言い放ったのです。

「というワケで、就職先が決まったので来月辞めます」

夢を叶えると同時に即卒業。コールセンターならではの切ない宿命です。

別れがあれば出会いもある春。辞めたオペレータの穴を埋めるため、春先は大量採用した新人の教育が急ピッチで行われます。

新生活を迎えたお客様から入る大量の電話と、それを受ける慣れない新人。質問のため新人たちがわらわらと挙げる手は、まるで一斉に生えてくるつくしのようです。それを眺め、「あぁ、今年も春が来たなぁ」と遠い目をしながら佇むのです。

-CALL-

6 求人の工夫

人手不足で一年中人材を募集・採用しているコールセンターでは、少しでもいい人材を集めるため、採用担当があの手この手の工夫を凝らしています。

例えば求人広告。以前は、新聞や雑誌などの紙媒体が主でしたが、最近はもっぱらインターネットが主流です。

紙媒体では簡単な業務内容や時給くらいしか情報を載せられなかったのですが、インターネットは掲載できる情報量が段違いで多く、業務風景の写真や平均年齢、男女比を載せたり、オペレータのインタビューを掲載したりと、職場や業務内容、雰囲気をイメージしやすいよう工夫を凝らせます。

そんな求人広告に掲載されているオペレータの写真は、若くてルックスのいい男女であることが多いのですが、実はモデルではなく実際に働いているオペレータであることが大半です。採用担当者が片っ端から容姿の良いオペレータさんに声をかけて、求人広告用に撮らせてもらっているのです。こんなことをしていると、露骨に外見で差別しているようで、時折現場から不満の声も出るのですが、なんとか応募を増やそうと、採用担当者も必死なのです。

「怒られる仕事」で募集

募集の最大の工夫ポイントといえば、キャッチコピーです。

「アットホームな職場です」

「ダブルワークＯＫ！　夢を応援します！」

「時給１８００円、業界最高値！」

などなど、コールセンターの採用担当者はまるで売れっ子コピーライターかのように、毎回知恵を絞ってキャッチコピーを考えねばなりません。

それでも人手不足は解消されず、採用活動に追われ疲れてしまったのか、たまに「どうしちゃったの!?」とびっくりするようなキャッチコピーにも出会います。

「とにかく怒られるお仕事です」（鉄道会社クレーム対応）
「お客様は常にイライラしています！」（インターネットのサポート）
「お金持ちの人とお話をするお仕事です・笑」（富裕層向け家事代行）

思わず二度見してしまうような衝撃的なフレーズですが、これは本当にあったコールセンターの求人広告です。

確かに、どんなに楽しそうで雰囲気が良さそうな求人広告を作っても、入社後のギャップからすぐに辞めてしまうオペレータもたくさんいるので、それを防止するために、あらかじめクレームが多いことを強調しておくのは効果的なことかもしれません。でも、この広告を見て、とにかく怒られたい応募者が本当に来たのかどうか、気になるところではあります。

-CALL-

7 丁寧な言葉遣いが必要な理由

最近の若者はメール文化で育っているため、電話が苦手だという人が多いそうです。そのせいなのか、漏れ聞こえてくる電話を聞いているとヒヤヒヤしてしまう場面がたくさんあります。

「だからー」「でもー」なんて、まるで友達にでも話すかのような言葉が、若いオペレータの口からは当たり前のように飛び出しています。

また、敬語に不慣れで、「○○でございますよね?!」「左様にございます!!」なんて、時代劇のような言葉遣いでお客様に苦笑されているオペレータもいます。

もちろん使い慣れていないものは仕方ありません。私だって最初は敬語が苦手でした。怒られたくなくて必要以上に敬語を使いすぎてしまい、回りくどい言い方で相手に伝わらなかったりしたこともあります。そのままズバリ、「あなた、まどろっこしすぎて何言ってるかわからないんだけど!」なんて言われてしまったこともありました。

そんな敬語や言葉遣いに問題がある新人は、しばらく新人教育担当が隣で付きっきりで電話を聞いてチェックします。そして電話が終わった後に、「さっきお客様に『それじゃ』って言ってたけど、『それでは』と言おうね」などと1つひとつ丁寧に訂正していきます。

あるからです。

言葉遣いの間違いはクレームの元

言葉遣いの指導は、応対品質やサービスの向上という面もありますが、オペレータを守るためでもあります。コールセンターではちょっとした言葉遣いがクレームを生むことがあるからです。

なかには言葉ひとつで激怒するお客様もいて、とくにアルバイト敬語と言われる「よろしかったでしょうか」や「こちら〇〇になります」というフレーズが気に入らないという高齢のお客様も多くいます。

言葉遣いが原因で1度新人さんがクレームを起こしてしまうと、本人のモチベーションも下がるし、それを鎮静化させるのに少なくない人員と労力が割かれてしまいます。そのため、研修の段階でみっちりと教え込むことが必要なのです。

コールセンターにおいて言葉遣い問題はセンシティブ。私も、「あ、そうなんですねー」と何気なく応えたら、突然「キサマ何様のつもりだ！」とお客様を大激怒させてしまったことがあります。

クレームにさせる言葉というのは、黒ひげ危機一髪のナイフを挿す穴のように、どこにアタリがあるかわからないもので、とにかく注意するに越したことはないのです。

-CALL-

8 夢のAI（人工知能）

コールセンターには近年、音声認識システム、ＡＩ（人工知能）と次々に最新のシステムが導入されています。どんどん進化するシステムに、「近い将来、コールセンターでは人間のオペレータが不要になる」とすら言われているほどです。

現在、コールセンターに導入されているＡＩシステムでは、オペレータが復唱するお客様の言葉を認識し、質問内容を推測してその回答を表示したり、即座に関連資料を抽出したりできるそうです。

これによってコールセンターに入ったばかりの新人オペレータでも、ベテランのように素早くお客様の質問に回答できます。

「え？ 人工知能ってそんなに地味なシステムなの？」と思われるかもしれませんが、実はこれは画期的なシステムなのです。

新人は応対中にわからないことがあるとＳＶに確認したり、電話を保留にして資料を調べなければならないので、１件の応対にとても時間がかかります。調べる時間が長くなればお客様は怒り出し、それがストレスとなり辞めてしまう新人もいます。

ＳＶたちの手を煩《わずら》わせることなく短時間で回答できるようになることは、お客様とオペレータのストレス軽減になるうえ、コールセンターの人員や通話時間といったリソースの節約にもつながります。常に人手不足に悩むコールセンターでは、まさに期待のシステムです。

音声認識はまだ発展途上

そんな夢のシステムにもまだまだ課題はあるようです。それは、日本語の認識がとても難しいということです。

近年、コールセンターでは音声認識システムの導入が急速に進んでいます。

音声認識システムとは、文字通り声を聞いて文字に変換するもので、例えばオペレータが手入力していた住所や氏名を会話から抽出し自動入力するという使い方をします。

私が働いていたコールセンターでも、このシステムが導入されることになり、「なんて便利になるんだ！」と最初は期待が高まりました。でも、実際に導入されてみると、機械はお客様の言っていることを理解してくれなかったのです。

例えば、お客様が「えっとぉ〜、カードの住所変更をしたいんだけど……」という言葉を「?・?、カード、じじめ、だけど?・?」というようにまったく意味不明の言葉に変換してしまったのです。期待が大きかった分、「なんだこれ！使えない！」と、現場は暴動が起きそうな勢いでした。

音声認識技術も日々向上してはいますが、あらかじめ声を登録したオペレータの発話はうまく認識できても、声が登録できないうえ電話回線を経由するお客様の音声は認識しにくくなり、とくに方言が入るとほとんど認識できないこともあるようです。このため、オペレータがお客様の発した言葉を復唱し、それを機械に認識させるコールセンターもあります。

人間のオペレータが不要になるには、まだもう少し時間がかかりそうです。

次ページからは、潜入取材ルポ！「突撃！隣のコールセンター」お弁当ケータリング会社、外資系保険会社、化粧品通販会社の3社を取材し、魅力溢れるオペレータやSVの皆さんにインタビューしました。書き下ろしマンガでご紹介します！

＜突撃！　隣のコールセンター＞

一件目はこちらです
えっ
なんですかここ！
むちゃくちゃキレイでおしゃれじゃないですか！
スターフェスティバル株式会社
はじめましてオペレータの南です
今日はご案内させていただきますね
ひぃぃイケメンが出た！
弊社はお弁当の配達とケータリングを行っている会社です
こちらではその受付をするオペレータが６０名前後働いています
広報さん

え？南さんはここが初めて働くコールセンターなんですか？
なんでオペレータなんかに…
そんなイケメンなのに顔見えないんですよ!!
実は僕俳優業もやってまして
コールセンターはシフトの融通がすごく利くんですよ
俳優さんなんですか！
はい撮影がどうしても突発的に入るので
某お値段以上のCMとか出てますよね
こちらのコールセンターは前日に言えば調整してくれるんです！
前日!?
N本さん
うるさい
そんなこと可能なんですか？
スターフェスティバルのコールセンターは「夢を追う人を応援したい」をモットーにしているので、みんなでフォローしあってオペレータさんの希望には応えるようにしているんです
社員が電話に入ったり
大変だけど
だから副業も当然ＯＫです俳優、モデル、声優、芸人ダンサーなど芸能関係の方も多く働いてくれていますよ
そういう方は総じて電話のスキルが高いので助かっています
なんてきらびやかな…
…！

発声や滑舌のトレーニングは日常的にしてますし
電話もいい練習になります
台本
お芝居ではめちゃくちゃ恫喝されるシーンとかもあって……
怒られるシーンとかも
殺すぞ
カット
クレームで怒鳴られても全然平気です！
芝居はもっとキツいんで
彼はクレームの謝罪も上手いんですよ
あぁ…演技力って大切ですよね
エリさん？
オペレータの仲もすごくいいですよ！
俳優仲間もいて仕事の相談できるし
みんなで運動会に出たりとか
なにそれ
え!?
オペレータと一緒に色々イベントを開催しています
秋には運動会 七夕には七夕祭
ハロウィンに クリスマス
他にはオペレータの慰労のために無料のお菓子コーナーやお昼寝スペースを用意したり
漫画や卓球台もありますよ
ちなみに社名のスターフェスティバル＝七夕
いたれりつくせりすぎるぅぅ
ひぃぃぃぃぃ
帰り道
世の中にはあんなコールセンターもあるんですね…
オシャレでシフト自由…
南さんイケメンだったなー
N本さんあそこで働いてたらきっと漫画描いてませんでしたね
督促ツライっていう…
ええ…まったく
ここを知ったらもう他のコールセンターで働けなくなるんじゃないかということだけが心配でした

COLUMN

夢とコールセンター

スターフェスティバルさんのコールセンターにお伺いした時、まずそのおしゃれで綺麗なオフィスに驚かされました。

一面ガラス張りの入口には、社名でもある「スターフェスティバル＝七夕」をイメージした笹の葉と短冊が飾り付けられ、その笹の葉をくぐって奥に入るととても広々としたコールセンターブースが現れます。

ブースには席と席を区切るパーテーションがなく、広々としています。色とりどりの風船があちこちに浮いていて可愛らしい雰囲気で、高層ビルの上階にあるため窓からはおしゃれな恵比寿の街並みが一望できます。

明るく綺麗、広くておしゃれ。私が今まで働いてきたコールセンターとは、もはや空気が違います。ここは本当にコールセンターなのかとにわかには信じ難い光景がそこにはありました。

スターフェスティバルさんは２００９年創業の、お弁当ケータリング事業を行っている会社です。新しい会社なので働いている方もみな若々しく、エネルギッシュなのが印象的でした。

　取材をさせていただいて、とくに驚かされたのがシフトの自由度の高さでした。広報の方いわく、前日までに申請すればシフトを調整してくださるとか。比較的シフトが自由になりやすいとされるコールセンターであっても、ここまで柔軟なセンターは稀《まれ》です。

　最近は、「オペレータのシフト遵守率」を厳格に管理しているコールセンターが増えており、遅刻／欠勤を厳しく注意する場合が少なくありません。こうした傾向を踏まえると、スターフェスティバルさんはまさに異例中の異例。なんとも懐の深い対応だと言えます。

シフトの融通がきくので副業に最適

　今回取材させていただいた南さんもそうでしたが、コールセンターには別に仕事を持ちながら勤務しているオペレータがたくさんいらっしゃいます。

　コールセンターは他業種に比べ時給が高いので短時間で生活に必要な金額を稼ぐことができ、シフトの融通がききやすいので、俳優やモデル、お笑い芸人、ボクサーやプロレスラー、漫画家やイラストレーターなどさまざまな本職を持つ方が働いています。例えば、お笑い芸人のオアシズの大久保佳代子さんがコールセンターで働いていたことは有名な話です。

そうした副業を持っている人は、真面目に長く働いてくれる人が多く、重宝されるのです。

スターフェスティバルさんのようにオペレータの夢を応援してくれるコールセンターがあるのは素晴らしいことです。「若者が夢を持つことを許す場所」、として社会貢献しているような、大袈裟ですがそんな気すらします。

いや～
スタフェスさんの
コールセンター
すごかったですね！
やっぱり
いい職場
じゃない
ですか！
魅力が
わかり
ました？
で、でも
あそこは
レアケース
で……
彼だって
夢があるから
頑張れるん
ですよ！
コールセンターはBLAckを主張す
私には夢も希望もないんです！
どうせ私たち
オペレータは
ボロボロになる
まで酷使され
使い捨てられる
運命なんですよ…
うっうっ…
……
じゃあ今回は
コールセンターで
キャリアアップした
女性を紹介します！
なんとオペレータから
管理職になって
活躍されてるんですよ！
えっ
題して
コールセンター
出世物語！
コールセンターは
チャンスのある
職場だとわかって
いただきます
いいですね？
は、はい
ずいっ

ということで
オペレータから
SVになった
某保険会社勤務
S本さん
です！
よろしくー！
すごく
明るい
人だな…
S本さんて
このコール
センター
何年目
でしたっけ？
最初は派遣
で入ったけど
もう十年以上
いるかな～
おおっ
派遣から
大出世!!
ここまで
長く続くとは
思ってなかった
けどね！
私東京に来たの
なりゆきで……
男を追いかけて
きたんですよー！
HAHA
HAHA
二十代から
広島で付き合ってた人が
俺東京
行くわ
へっ
―っていうから……
はっみみ
!?
え
くっついて上京してきて
仕事探して
なかなか
ないなー
派遣でも
登録するか
たまたま決まったのが
このコールセンターで

パチンコ
パチンコで負けてお店を出たときに連絡もらったんですよ
一人あいたんでやりますか？
ハイ
あの時勝ってたらココで働いてないかも〜
他の人に決まっちゃって
のっけから濃い・・・
はは
はは
へーっ
保険のコールセンターは大変ですか？
ちなみにどんなお仕事を？
そうですねぇ〜
ウチは年金保険に関するすべての電話を受けるコールセンターなんですけど…
お客様
営業
オペレータ
代理店
なんでもするし答えます
大変そう〜
オペレータは十年以上のベテランばかりですから
たのもしいですよ〜
私の仕事はたまのクレームと太鼓持ちだけです！
たいこ
いやいやクレームの二次対応だって大変でしょう？なぜそこまでの明るさが！

うーん…私 コールセンター 好きなんです 人と繋がってる とこがね
お客様も オペレータさんも
ココに来るまで 色々な仕事を してきたけど 「人に合わせる」って いうのが好きだし 得意だから 楽しいですよ！
でもね！ SVになったのも 成り行きって 言うか…
かる〜く 社員試験 受けてみる？って 言われたのに すごく難しくて だまされたと 思いましたよ
面接とか 苦手で 絶対落ちると 思ってたのに…
かたくるしいの向かないんです
天海祐希だったら どうする？ってイメージして 答えてたら いつのまにか SVになっちゃい ました！
HA HA HA
HA HA HA
……なんか S本さん みたいに 偉ぶらない 女性の上司 って素敵…！
キュ〜ン…
おまけ
ちなみにその 追いかけてきた 彼氏とは…
今もつき 合ってます♡
スゲー!!
へへっ

彼氏と上京――気が付けばコールセンターにいました

「外資系コールセンターの女性管理職なんて、どんな〝バリキャリ〟な女性だろう」と戦々恐々としていたのですが、実際お会いしたS本さんは小柄でかわいらしく、とても豪快によく笑われる方でした。

「上京のきっかけは彼氏が東京に行くって言ったからです」

「(仕事の募集があり)『急遽《きゅうきょ》明日だけど面接しないか？』と電話をもらった時は、パチンコで負けてお店を出たところで、勝ってたら電話に出てなかったからこの仕事してないですね！」

次々とインパクトのあるお話が飛び出すので、取材中は常に驚くか笑うかしていました。

上京するきっかけになった彼氏さんとは、ずっと一緒に暮らしているそうなのですが、1度S本さんの手料理で食中毒になったことがあるそうです。上京したばかりでかかりつけの病院もまだなく、とりあえず大きな病院に行き、救急ではなく内科を受診してしまったため、長い待ち時間を彼氏と2人で苦しんで耐えたとか。

そんな辛いエピソードも、「おかげで料理禁止になって、仕事ばっかりするようになっちゃった」と、豪快に笑い飛ばすS本さん。突き抜けた明るさに、いつの間にか虜《とりこ》になってしまいました。

日本語で対応して留学生の評判に

S本さんは広島にいた時、旅行会社に勤務されていたそうです。当時は、いつの間にか「留学生担当」にされていたとのこと。一時帰国などのためにチケットを手配しにくる留学生は、日本語がほとんど話せないので他の同僚はなかなか担当したがらず、自然とS本さんが担当することが増えていったそうです。

私が「S本さんは語学が得意だったんですか?」と聞くと、「いや、日本語で対応しましたよ。だって彼らは日本語の勉強をしに来てるんでしょ?下手に英語とか話すと勉強にならないから。留学生も日本語で対応すると喜ぶんですよ。そうしているうち、『あの旅行会社のS本は日本語で対応してくれる』なんて、留学生の間で話題になって、指名が増えちゃいました」と、またまた豪快に話されるS本さん。しかし、その豪快さの中に見え隠れする温かさが、彼女が派遣社員から管理職にまで昇り詰めた秘訣のような気がしました。

ご本人は「面接は苦手で、常に天海祐希だったらどう答えるかをイメトレしながら乗り切ってきた」なんて謙遜されていましたが、外資系保険会社の女性管理職なんて誰もが憧れて一目置く立場なのに、決して偉ぶらず、分け隔てなくオペレータたちに親身に接する人間の大きさがS本さんの魅力です。それは旅行代理店時代に周囲が敬遠する留学生相手のお仕事を率先して引き受けていた面倒見の良さからも窺えます。

こんなS本さんを見出し、派遣社員から管理職にした周囲の方も、目利き力がスゴイと思わずうなってしまいました。

どうです？コールセンターの魅力がわかってきましたか？
S本さん
南さん
う、うーん…そうですねぇ…
い、いやっ…！
はっ
今までのお二人はわりと自由でしたけど…
私はだまされませんよ!!
コールセンターはBLACK
NO MORE クレーム
苦しんでいる人も少なくないはずです！
しょーがないなぁもう…
やれやれ
最後に彼女をご紹介しましょう！
ペカーッ
某化粧品メーカーコールセンター勤務中の二児の母！A山さんです！
ふふっ
こんにちは
ギャー美しい！

彼女は中途でコールセンターに入社し現在はチームリーダーとして活躍されています
おおっまさに働く女性の星ですね！
いえいえぜんぜんですよ〜
自己紹介
化粧品の通販を受けるコールセンターでオペレータ管理と教育をしています
電話はクレーム対応とオペレータからの転送対応がメインです
子どもは二人上の子は小学4年生です
コールセンターで仕事と育児って両立できるんですか？
今は残業なしで働いてますから
まぁ大変なのは…
クレームが長引くと保育園のお迎えに間に合わないことですね
お客様と電話中だから保育園に迎えが遅れる連絡すらできないんです

そうするとクレームで散々お客様に謝った後に
遅くなってすみません!!
ペコペコ
ごめんなさいっ
ぴーっ
保育園でも謝り倒すことになるんですよ
その後子供にも…
…oh…
ねーっ
やっぱりコールセンターは大変ですよね!
コールセンターはBLACK
さっ
ええまあ
正直、仕事と育児の両立は
申し訳ございません
また保育園間に合わない
限界かなって思ったこともあるんですが…
先輩ママの同僚に励まされることも多くて…
オペレータさんにも
ご自身も大変な思いをした分温かい言葉をかけてくれるんです
大変ねー
荷物持とうか?
妊娠中

なので今度は自分が先輩ママとして
頑張ってるね！
後輩に背中を見せられるよう頑張ろうと思うようになりました
コールセンターでの責任ある仕事と育児の両立は大変だけど
ペカーッ
道は私が切り開く！ってカンジです！
まぶしい！
美しい!!
どうですN本さんコールセンターの見方が変わりましたか？
みんなやりがいを見つけて頑張ってるんですね
…私も頑張らなきゃ
たはー
しんどいけどコールセンターやっぱりいい職場かも！
また見学に行きましょうね
～FIN～
ご協力いただいた皆さま
ありがとうございました!!

COLUMN

ＳＶとママ、二足の草鞋で駆け抜けます

コールセンターには「働くお母さん」たちがたくさんいます。
そんなコールセンターで働くお母さん事情を知りたくて、このたびはＡ山さんにお話を聞かせていただきました。

仕事と育児の両立はどんなお仕事でも大変だと思いますが、Ａ山さんも大変なご苦労をされているようでした。とくにクレームで時間を取られて保育園のお迎えに間に合わないというお話は、切実すぎて胸にくるものがありました。私もクレーム対応が長引いて、友人を待ちぼうけさせてしまったり、時間に間に合わずライブのチケットを無駄にしたりと、苦い思い出があります。

●朝働いて夕方は家事、夜また働く

ママさんオペレータのなかには時短制度やスプリットシフト（朝と夜など、１日あたりの勤務時間を分割すること）を活用して、家事や育児を両立している方も少なく

ありません。日中働いて、夕方1度帰宅して家事をこなし、夜間に再び働きに来るという働き方には本当に頭が下がります。

Ａ山さんも朝から下のお子さんを保育園へ預けてコールセンターに出社し、一日中オペレータの管理やクレームのエスカレーションなどの激務に追われています。それでも定時になったら一目散に帰って保育園へ迎えに行き、今度は小学生の上のお子さんが帰ってくるまでに夕食の支度をして……と目の回るような毎日を送っているそうです。

実はコールセンターでは、シングルマザーも多く活躍しています。なかには20年近く勤続し、女手ひとつでお嬢さんを大学まで出したというオペレータもいました。そんなカッコいいお母さんの背中を見て育ったお子さんが、「私もコールセンターで働きたい！」と志して、親子2代でコールセンターで働いている母娘もいたりします。

コールセンターはこうした皆さんによって支えられています。これからもっと、コールセンターのお母さんたちの存在が知られて、大切にされるようになればいいなと、心から思います。

第3章

リーダーの苦悩

-CALL-

1　ＳＶ（スーパーバイザー）ってどんな仕事？

コールセンターでのSVや社員の役割はオペレータの質問に答えることです
なるほど～頼りになります！
いやいや～
N本まだ帰んないの？
質問に答えられるように勉強してるんです
業務知識は完璧ですよ！
ふふふ…
スゴーイ!! 何でも知ってる～!!
次の日
N本さん質問～
はいはい、どんなことかな～？
キタアアア
→寝不足
今日のA定食何？
社食の
知らんがな
調べます！

コールセンターには、直接電話に出るオペレータと、そのオペレータに対して教育や管理を行うＳＶ（スーパーバイザー）と呼ばれるスタッフがいます。

コールセンター業界ではなじみ深いこのＳＶという役職。いざ改めてコールセンターを知らない人たちに説明しようとするとかなり頭を悩ませます。例えば、このような感じです。

「ＳＶってどんな仕事をしているの？」

――オペレータが答えられないような質問や、クレームがあったら電話を代わるのが主な仕事だよ。ほらクレームを言ってきたお客様が、激高して「上司に代われ！」って言ったりするでしょ、そういう時に電話を代わるのは大抵ＳＶだよ。

「上司ってことは偉い人なの？」

――いや、ＳＶは正社員の人もいるけど、契約社員や派遣社員、アルバイトの人もいるよ。

「アルバイトだったらそんなに大変な仕事はしないの？」

――雇用属性に関わらず、新人を教育したり、コールをモニタリング※5してオペレータの応対レベルを評価したりもするよ。時には、応答率などの目標値に関して業績会議で上層部に報告したりもするよ。

「そもそもＳＶさんってどうやって採用されるの？」

――オペレータで雇用されて、何年かの経験を経て業務知識がついてからＳＶに昇格することが多いかな。でも、なかにはいきなりＳＶとして採用されたりすることもあるよ。

どうでしょうか、役職も曖昧《あいまい》、立場も曖昧、雇用形態も曖昧で、なんだかこう説明されてもイマイチSVってどんな仕事なのかイメージできないですよね。

役割も規定も会社によってバラバラ

SVはオペレータの上位職と言われていますが、電話に出ることもあれば、上司ではないけれどオペレータのマネジメントをしたり、非正規雇用でもかなり責任のある業務を担っていたりすることがあります。他の業界からみると、SVという存在はかなり異質な役割ではないでしょうか。

そのうえ、立場や役割はコールセンターによって異なることもあり、あるコールセンターではSVが全員、正社員として雇用されスーツで出社。別のコールセンターでは、オペレータより時給が数百円高いだけのアルバイトで、金髪&ジーンズで出社——なんて所もあります。

明確な規定や決まりがないSVですが、確実に言えることは、コールセンターはSVがいないと成り立たないということです。業務知識が豊富でオペレータとの信頼関係も構築できている優秀なSVというのは、一朝一夕で育つものではなく、退職されてしまうと、その穴を埋めるために現場はものすごく労力を使うことになります。

　こんなにも大切なSVという役割ですが、いま説明した通りコールセンター業界以外ではあまり認知も理解もされておらず、長く勤めても人事部や他部署から高く評価されることは少なく、社内で出世することはおろか正社員になることも難しい場合があります。転職するにしてもSVとしての経験値を評価されずキャリアアップに結び付きにくいのが事実です。SVを経験したことのある1人として、こういった点にはとても矛盾を感じるし、なんとか改善されてほしいと強く思います。

注5　モニタリング――オペレータと顧客との通話内容を聞くこと。大半のコールセンターではオペレータの評価のために定期的に実施している。クレームになった通話を聞き返して、原因を探りフィードバックしたり、上長が二次対応する際に内容確認のため行われることもある。

-CALL-

2 人間関係が難しい！　孤独な管理者

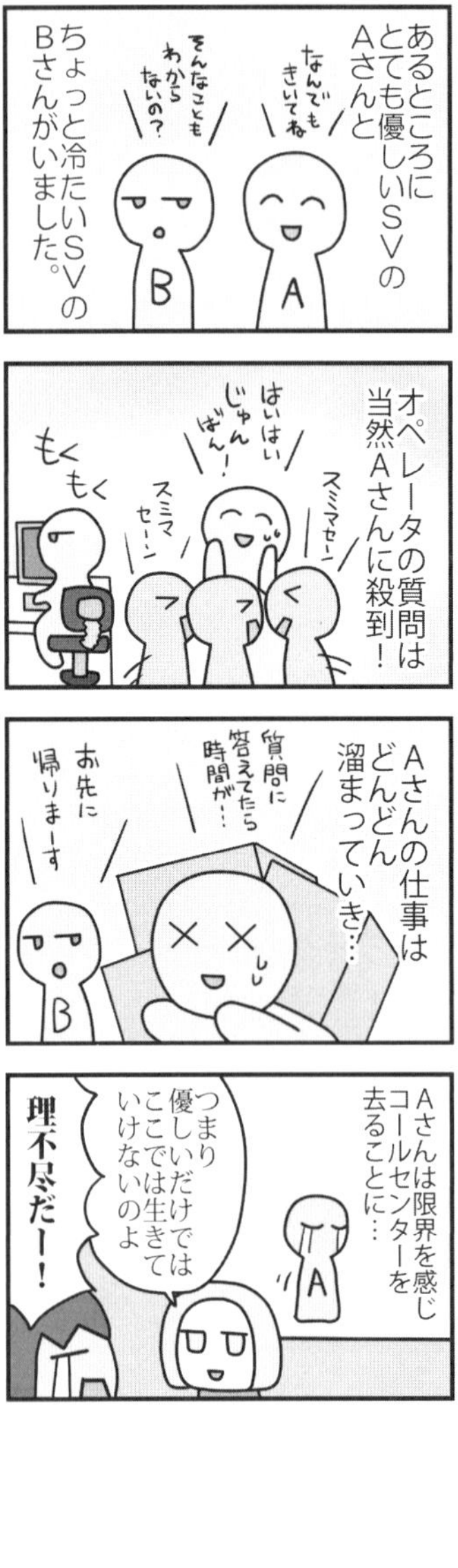
あるところにとても優しいSVのAさんと
なんでもきいてね
そんなこともわからないの？
ちょっと冷たいSVのBさんがいました。
オペレータの質問は当然Aさんに殺到！
スミマセーン
はいはいじゅんばん！
スミマセーン
もくもく
Aさんの仕事はどんどん溜まっていき…
質問に答えてたら時間が…
お先に帰りまーす
Aさんは限界を感じコールセンターを去ることに…
つまり優しいだけではここでは生きていけないのよ
理不尽だー！

ある時、オペレータブースの片隅で事務仕事をしていた私の元へ、オペレータから内線が入りました。

「N本さん、クレームになっちゃったんで代わって下さい。転送しますね」

「ふぁっ‼ 今ちょっと事務作業が……。ところで、私さっきもクレーム受けたんですけど、なんで私ばかりなんですか？」

「は？ 他に空いてる人いなかったからですけど！ SVなんだから受けてください！」

そのオペレータは有無を言わせぬ口調で内線を切ると、クレームになっている外線を転送してきました。ふと周りを見渡せば、手の空いていそうなSVさんもちらほら見えます。SVなのだからオペレータからエスカレーション※6されたクレームを受けるのは当然ですが、「とほほ……」と思いながら私は電話を取りました。

今回は、〝SVの立場〟についてお話をさせていただきます。これがけっこう複雑で、根深い問題なのです。

「あなたに何がわかるの」という反発も

SVになると業務だけでなく、オペレータとの人間関係で悩むことも多くなるのです。オペレータとSVの関係は、なんとも不思議な関係です。オペレータはSVに指導されれば言うことを聞かなければならないので、ある意味先生と生徒のような関係でもありますが、年齢や社歴は逆転していることも多いので人間関係が複雑になりがちです。

ＳＶは、オペレータがたとえ先輩であっても年上であっても評価や指導をしなければならないのですが、先輩オペレータのなかには、（私の方が知識も経験もあるのに、なんであんな入ったばっかりの人の話を聞かなきゃいけないの！）と反発するケースもあり、素直に言うことを聞いてくれないのです。

「あなたに何がわかるの！」「偉そうなこと言うなら自分でやってみなさいよ！」などとオペレータに言われ、泣き崩れているＳＶを目撃したこともあります。

ＳＶは少しでもオペレータに嫌われてしまおうものなら、集中的にクレームをエスカレーションされたり、無視されたり、オペレータ間で悪口を書いた紙をまわされたり、ネットの掲示板にあらぬ噂を書き込まれたりすることもあります。

なんだか、まるで学生のいじめかと思うような出来事ですが、ＳＶになりたての頃に私が実際にされたことでもあり、周りでも多くのＳＶが同じような経験をしていました。

そんな環境で生き残るのは、オペレータの反抗に屈しない心の強いＳＶですが、そういう人って結構、性格がきつかったりもします。

戦場のような忙しさのコールセンターで生き残るのもまた歴戦の勇士たち、といった貫禄のあるＳＶが多いのです。

注6　エスカレーション――オペレータがクレームや込み入った質問でどうしても対応しきれなくなってしまった時、ＳＶなど上位職が電話を代わること。

-CALL-

3

二次対応は心理戦?!

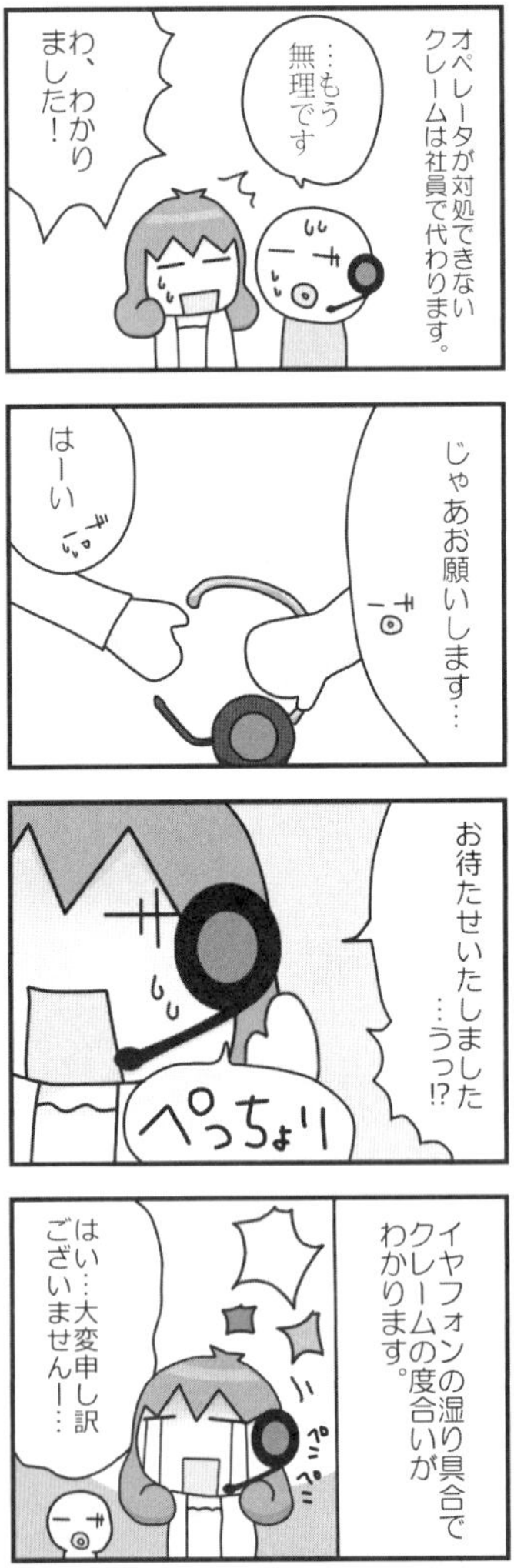
オペレータが対処できないクレームは社員で代わります。
…もう無理です
わ、わかりました！
じゃあお願いします…
はーい
お待たせいたしました…うっ!?
ぺっちょり
イヤフォンの湿り具合でクレームの度合いがわかります。
ぺこぺこ
はい…大変申し訳ございません！…

「N本さん！クレームになっちゃった！代わって！」

呼ばれて振り向くと、少し離れたブースからオペレータが勢いよく手を振っています。

「い、今行きます！」

またクレームか！　と思いつつ私はバタバタと、呼ばれたブースまで走っていきます。オペレータから電話を引き継ぐためです。

ルールが曖昧なため心理戦が勃発

私はオペレータだった時もSVになってからも、このエスカレーションがちょっと苦手です。なぜならエスカレーションが原因でオペレータとSVの関係がギクシャクしてしまうことがあるからです。

エスカレーションはSVの担う重要な業務の1つです。知識、経験ともにオペレータよりも秀でていることが多いため、難しい電話はSVのほうが早く対処できます。

エスカレーションになる状況とは、クレームになってしまい「上の者を出せ！」と言われた時や、オペレータではわからないことをお客様に質問された時などです。けれど、エスカレーションする基準やケースを具体的に決めるときりがないので、はっきりとルールを設けることはあまりなく、実は割と曖昧です。コールセンターに入ってくる電話は多種多様なうえ、オペレータのスキルレベルや経験によって対応できる範囲も異なるため、曖昧なまま各オペレータの裁量に任せるほうが効率が良いのです。

ただし人間心理が絡むと、この曖昧さがネックになることもあります。ちょっとでも分からない電話があれば「これわからないから代わって！」とSVを頼りがちなオペレータもいれば、SVもSVで「このくらい自分で考えてよ！」とエスカレーションを断ってしまうケースが出てくるのです。

すると、あまり電話を代わってくれないSVは敬遠されて、電話を代わってくれやすいSVに質問や仕事が集中し、業務量に差が出てきます。私も、ちょっときつめのSVと一緒にお仕事をしていた時は、「N本さん聞いてよ！　あのSVさん全然エスカレーションを受けてくれないのよ！」とオペレータさんには愚痴られ、「あのSVさんいじわるだから質問したくないの！」と、別の電話の対応をしている私の所までわざわざエスカレーションをしにくるオペレータさんもいました。

四方八方から飛んでくるエスカレーションに押しつぶされそうになりながら、「お願いだから仲良くして……！」と、1人、涙目でぼやくのでした。

なんか嫌な予感
するんで代わって…
いーかげんに
しろぉおおおお！

-CALL-

4

新人教育はつらいよ

「今月の新人さん、どうですか?」

「もうすでに2人来なくなっちゃったよ。泣きそう！」

「……大変ですね……」

ばったりと廊下で会った新人教育担当のSVに声をかけると、すでに疲れきっている様子。SVにとって、新人教育はとても大変なお仕事の1つです。

新人オペレータは入社してすぐ電話に出られるわけではありません。電話に出るにはある程度の業務知識やシステムの操作方法を知っていなければならないので、どこのコールセンターでも入社してしばらくは新人研修を実施します。

研修期間は数日から長くて数カ月まで、会社によってまちまちです。

大抵は、まず座学で業務知識やビジネスマナー、使うシステムの操作方法などを学び、電話対応のロールプレイング[※7]を行ってデビューに備えます。

遅刻や居眠りも怒ったらアウト！

コールセンターのオペレータは会社の顔としての役割があるので、他業種よりも長く丁寧に育てられる傾向が強いと思うのですが、それでも最近は研修期間中に辞めてしまい、電話を取ることなくコールセンターを去ってしまう新人さんが増えています。

メンタルの問題なのか、はたまた他に働き口がたくさんあるからなのか、若者は少しでも飽きたり嫌なことがあったりすると来なくなってしまうのだそうです。

「とにかく研修中に新人を辞めさせないこと‼」

あまりに新人が辞めてしまうので、そんなマネージャー号令のもと、まるで腫れものに触るように新人研修をすることもあります。

遅刻や欠勤の多い新人さんには、決して怒らず「体調が悪いの?」と心配する様子で声をかけ、座学中に居眠りをしている新人さんには「疲れてるの?」と優しく起こします。

間違えても叱らず、詰め込み過ぎないように確認しながら研修を進める。休み時間は積極的に話しかけて、ランチ会や交流会を企画する。新人教育担当のＳＶは研修期間中、神経を張りつめるため、常にぐったりとしています。

一見、手厚すぎるようですが、コールセンターにとってオペレータは〝宝〟、オペレータがいなければコールセンターの業務は成り立ちません。打たれ弱かったり、素行に多少、問題があったりしても、とにかく働き続けてもらえるだけでありがたいのです。

注7　ロールプレイング――模擬応答。コールセンターでは研修期間に新人同士でお客様役、オペレータ役に別れて何度も電話応対のやり取りをし、電話応対のイメージを掴んでから着台して、実際に電話を受け始めることが多い。

-CALL-

5 マニュアル作りにひと苦労

コールセンターにはオペレータ用のマニュアルが用意されており、業務に必要なことはその中に書かれています。製品やサービスの仕様や操作方法、伝えるべき注意事項などの他、大抵トークスクリプト※8という会話のお手本が入っているため、新人でもマ

ニュアルを読みさえすれば、そこそこ業務をこなすことができるようになっています。

そんな便利なマニュアルですが、それは必ず誰かの手によって作られたものであることを忘れてはいけません。

マニュアル作りにはものすごく労力がかかります。大袈裟かもしれませんが、マニュアルの分厚さは、「コールセンターがたどってきた紆余曲折の証」とも言えます。完成型に至るまでにはさまざまなストーリーを含んでいるのです。


実は、私が新卒で最初に配属されたコールセンターは新設されたばかりで、マニュアル自体存在していませんでした。

そのため、わからないことがあると先輩社員にいちいち訊いたり、周りの人がやっていることを盗み見て仕事を覚えなければなりませんでした。確認に手間取ってお客様を怒らせることも多かったと思います。とにかく、マニュアルがないと効率が悪いのです。

その後、マニュアルのある部署に異動した時は、マニュアルという存在の素晴らしさを実感しました。

「困ったことがあっても誰か知っている人を探して聞かなくてもいいなんて！」「あの、質問をした時の、めんどくさそうな顔をされずに済むなんて！」と、マニュアル、バンザイ！と、叫びたいくらいに救われる思いがしました。

が、そんなことを思っていた矢先のこと。
「N本さん、前いてもらった部署のマニュアルを作ることにしたから、異動したばかりでヒマでしょ、よろしく」と、上司のひと言で、マニュアルをイチから作る仕事をしなければならなくなったのです。

マイマニュアルをかき集める

イチからマニュアルを作るのは大変なことです。業務知識やトークスクリプトの部分は、オペレータとして経験してきたことをまとめればいいのですが、システムの部分は経験値だけでは不十分です。とはいえ、導入時にメーカーから渡されたはずの説明書はすでに紛失しており、参考にできる資料がありません。偶然にも、先輩から後輩へ代々コピーで伝わってきた、ボロボロの操作マニュアルを発掘できたので、それをもとになんとか作成しました。

オペレータのなかには、個人的に〝マイマニュアル〟を作っている人たちもいます。とても几帳面で、ノート数冊に手書きでありとあらゆる対処法をまとめている人もいました。〝公式マニュアル〟を作る際には、それらをお手本にするため各々からかき集め、組み込みます。イチからマニュアルを作ることは、そういった協力がなければとてもできない大変な作業なのです。

　このように、先人たちの知恵をまとめるような形で、なんとかマニュアルが完成しました。幸いオペレータたちからも好評で、長く使われることになりました。その後、何度かの改定を経て、初めの寄せ集めのようなマニュアルからすっかり洗練されたマニュアルへと変わっていきました。

　コールセンターでは、あるのが当たり前になっているマニュアルですが、そこには必ず先人たちの苦労と努力が詰まっているのです。

注8　トークスクリプト――オペレータがお客様の対応をする際に、お手本になる台本のようなもの。数行のトークスクリプトから数ページの長さにわたるものまで、業種によってさまざま。経験を積むうちに大抵暗記してしまうが、新人の頃は欠かせない存在。

-CALL-
6 マニュアル頼みも一長一短

あると便利な、というよりは、もうなければ困るレベルのコールセンターのマニュアルですが、使用するなかで困りごとも出てきます。

例えば、その分厚さです。時が経つにつれて、ルールや扱う商品が増えるなどするうち、マニュアルにはさまざまな項目が追加されていきます。年々分厚さは増すばかりなのです。マニュアルが分厚くなると、まず保管や持ち運びが大変です。使う時も必要なページがなかなか見つかりません。マニュアルを使うのはお客様との通話中であることが多いのですが、話している最中にページを探して手間取っていると、お客様が怒ってしまうこともあります。

コールセンターでは、定期的にマニュアルの分厚さを見かねた誰かが、「これからはシンプルに薄くしよう！」と一新を図るのですが、その後も「やっぱりこの項目は必要だよね」「新しいルールができました！」と、どんどんページが追加されていって、結局またもとに戻ります。

更新には苦労もリスクもあり

さらに大変なのが、マニュアルの差し替えです。

コールセンターでは、受け持つサービスの運用ルールが目まぐるしく変わります。そのたびにマニュアルも更新しなければいけないのですが、何百人とオペレータのいるコールセンターではその作業もひと苦労です。

例えば、週2回しか出勤しないオペレータはSVとなかなかシフトが合わず、マニュアルの差し替えを指示されないまま数週間経ってしまうこともあるのですが、差し替えが完了した瞬間にまた新しくルールが変わって次の差し替え作業が発生、なんてことも頻繁に起こります。

万が一差し替えモレがあると、間違った情報をお客様に案内してしまうことになります。マニュアルは便利ですが、リスクもあるのです。

こうした問題を防ぐため、最近のコールセンターではマニュアルを電子化するところが増えています。電子化してしまえば更新モレも少なくなるし、差し替え作業が軽減されます。そのうえ分厚く重たいマニュアルの保管・移動の問題もクリアできます。

紙のマニュアルに慣れたオペレータからは「電子のマニュアルはわかりにくい！」「書き込めないから不便！」なんて声もあがりますが、徐々に普及していき、若い世代からは、「え？　マニュアルって昔、紙だったの？」と驚かれることもでてきました。電子マニュアルはもちろんエコのためにも良いので、コールセンターでのマニュアルの電子化は急速に進んでいます。

後日談…
知り合いのセンターではPCが即座に回答を案内してくれるシステムを導入したそうです
××ってどうするの?
それは○○をしていただいて～
質問 ××
答え
スラ スラ
入社してすぐベテランOPの知識!!
でもある日まさかのシステムダウンが――…
まっくろ
マネージャー何も出ません!
ギャアアァァァ
電話は繋がるけど誰も何も答えられなかったそうです
××ってどうするの?
えっ、えーっと…
こわすぎる!
便利なのも考えものですね

-CALL-
7
シフト作りは戦々恐々

オペレータのシフト管理も、コールセンターでは重要なお仕事の1つです。コールセンターの営業時間は長く、なかには24時間稼働しているセンターもあります。そんなコールセンターでは朝番・夜番だけではなく、短時間シフトやスプリットシフ

トなどを複雑に組み合わせることで、どの時間帯であっても人員が揃うよう工夫しています。

けれど、最近はどこのコールセンターも慢性的な人手不足。最低限の人数に出勤してもらうことすら苦労しています。

そのうえオペレータからは、前章でも書きましたが「土日は働きたくありません！」「残業はしたくありません！」「習い事があるんで、17時以降は出られません」「この日は舞台を見に行くので昼に帰ります」などと担当泣かせの要望が次々と出されてきます。

シフト担当者はこうした要望を聞きつつも、上司に指示された最低人数を満たすべく、オペレータに片っ端から頭を下げて、シフトを調整しているのです。

オペレータの旅行計画に青ざめる

苦労してシフトを作り上げても、まだ安心はできません。シフトが決まってからもオペレータからは欠勤の希望が次々と出てきます。

シフト担当の立場としては、そうそう簡単にお休みを認めてあげるわけにはいかないのですが、以前、シフト担当者がオペレータに「この日休ませてもらえないならもう辞めます！」と泣きつかれ、「今回だけだから。ね、ねっ！」と取り成している修羅場めいた場面に出くわしたこともあります。

オペレータが何百人も所属しているコールセンターで、シフトを組むのは本当に大変で、担当者は常に胃を痛めているようです。

ある日、シフト担当の社員と休憩室でお昼を食べていた時のこと。私たちの後ろでオペレータが数人集まって旅行の計画を立てていました。

「来月の連休、皆で旅行に行こうよ！」
「いいね〜！　お休み希望出さなきゃ！」
「有給残ってるから5連休にしようかな」
「○○さんと××さんも誘おう〜」
「疲れるから次の日は昼シフトにしようかな〜」

楽しそうに盛り上がっているオペレータとは裏腹に、それを聞いていたシフト担当者の顔はみるみる青ざめていきました。

（来月の連休、人数調整が大変になりそうなんだな……）と、彼の顔を見ながら、私は心の底から同情することしかできませんでした。

–CALL–

8 絶対遵守の応答率

「待ち呼5件!! 電話に出られる人はすぐ出てください！」

「応答率が80％切ったー!!」

今日もSVと管理者の悲鳴がこだまし、コールセンターはまるで戦場のようです。

応答率、待ち呼、呼損――コールセンターに勤務していると、マネージャーや管理者の口からはよくこんな言葉が出てくると思います。

応答率とはコールセンターにかかってきた電話のうち、どのくらい電話に出ることができたかという数字。待ち呼は、オペレータが取りきれずお客様が待っている状態の電話のこと。呼損は、取りきれないまま結局切れてしまった電話の数です。

コールセンターのお仕事は、もちろんかかってきた電話に出ることです。そのため、いかに多く電話に出ることができたかを測る応答率は、業績を示す指標の1つとされています。一般的に、日／月／年単位で目標数値が設定されています。

ちなみに、応答率をリアルタイムで監視する「応答率担当」になってしまうと一日中、「待ち呼3本！　電話取って下さい！　絶対取ってぇぇぇ」と叫び続けることになります。そしてその日の応答率が目標を下回ろうものなら、1日の終わりにどんよりと肩を落として帰ることになるのです。

天候にも左右される入電予測は難しい

すべての電話を取りきる「応答率100%」は、コストがかかりすぎて基本的に一般企業のコールセンターではあり得ません。しかし、応答率が低ければ、お客様の不満が募り、クレームが増えます。

このためコールセンターの管理者は、毎日の入電数をできるだけ正確に予測して、それをもとに必要な人数を算出し、オペレータを配置します。しかし、入電予測はそう簡単なことではありません。天候や株価／為替の変動など、突発的な要因で電話が増えることもあり、神様でもない限り正確な予測は不可能です。また、突然オペレータが大量に辞めてしまったり、インフルエンザが流行ったりして人手不足に陥ることもあります。すると、コールセンターはキャパシティ以上の入電を受けることになり、途端に待ち呼が何十件と増える阿鼻叫喚《あびきょうかん》を極めるのです。

待ち呼が増えると、電話を取った瞬間に「いつまで待たせるんだ！」と怒られることもあります。これを防ぐためか、コールセンターのなかには待ち時間が一定時間を経過すると、「ただいま混みあっておりますのでおかけ直し下さい」と電話が勝手に切れてしまう場合もあるのです。

応答率遵守は、コールセンターにとって永遠の課題。毎日、血のにじむような努力が繰り返されているのです。

-CALL-

9 忘年会も大仕事

1年に1度、その年の締めくくりに行われる忘年会。1年間の苦労をねぎらい、一緒に働く仲間との一層の親睦を深める行事です。最近の若者には不評のようですが、なんだかんだと普段話せない人ともお酒の力を借りて話せる貴重な機会だと思います。

もちろんコールセンターでも忘年会を行うわけですが、オペレータだけでも数百人という大型センターの場合、ものすごく大がかりな飲み会になります。

コールセンターに勤める方々に、毎年の忘年会はどうしているかを聞いてみると、少人数のグループで区切って個別に開催している、そもそも飲み会は行わず品物を渡している、会社の大会議室を宴会場にして入れ替え制で開催している――などなど、各社工夫を凝らしているようです。

そもそも、シフト制で夜遅くまで営業しているコールセンターでは、仕事終わりに全員で飲み屋に向かうということはまず不可能です。このため、参加できるオペレータだけ飲み会に来てもらい、来られなかった人には品物、という合わせワザも使われているそうです。

大所帯はお店を選べない

忘年会に限らず、歓迎会や送別会など、コールセンターでも飲み会が行われることは時々ありますが、幹事になってしまうとその苦労は相当なものです。

まずシフトの問題があるので、早くシフトをあがる人たちが先に会場入りし、その後遅くシフトをあがる人たちが遅れて参加することもあります。こんな場合は、例えば3時間の宴会コースを延長してくれるよう居酒屋に交渉しなければなりません。

また、人数の問題もあります。大所帯のコールセンターは、社員やSVだけでも数十人いるので「できるならば個室が望ましい」となると、お店を探すだけでもひと苦労です。

郊外にあるコールセンターでは、毎回、駅前に唯一ある居酒屋チェーンで開催せざるを得なくなったりしますが、そうすると、「え〜。またあそこのお店ぇ？　たまには別のとこがいいよー」などと不満を言う人々も出てきて、これまた悩みの種になるのです。

さらにさらに、「守秘義務」という難題もあります。顧客情報を多く扱うコールセンター。酒の席とはいえ、社外でうっかり話してしまったら大問題、という情報も少なくありません。このため、幹事は飲み会が始まる前に、「宴席でのコンプライアンス」をしつこくアナウンスし、ちょっとでもそんな話が出そうになると飛んでいって注意を促します。一瞬たりとも気が抜けないのです。

そんなこんなで、楽しいはずの飲み会ですが、幹事がやっとひと心地つけるのは結局すべてが終わった後なのです。まぁそんな時に限って、次の日も、早シフトに入っていたりするんですけどね……。

座談会

2 【コールセンターで働く人に聞いてみました！②】

〝困ったちゃん〟の育て方

N本 皆さんこれまで多くのスタッフを育成されてきたと思うのですが、今まで見てきた人のなかに、いわゆる〝困ったちゃん〟はいましたか？

T島 なんでもクレームにさせちゃうオペレータさんですね。そういう人は、名前の確認ですらクレームにします。例えば、名前の漢字を確認する時、普通は有名人の名前を使ったりするじゃないですか。ある時、石田という名前を聞いたオペレータが、「石ころの石ですか」と聞き返していて。ああ〜やっちゃったみたいな。案の定、大クレームです。

K子 いますね。「石ころは失礼でしょ」と指導してもわからない。感覚が違うんですよね。

N田 悪意のない失言は、あるあるですね。弊社の商品で、夫婦じゃないと入れない海外旅行保険があって、例外的にハネムーン旅行では夫婦じゃなくても適用される

のですが、それを知らなかったオペレータが、加入者の苗字が違ったことを不思議に思ったらしく、「離婚されたということでよろしいですか？」と確認していて。聞いていた周囲のスタッフが皆、固まってしまいました。

N本

うーん、人生経験の少なさゆえの配慮のなさですね。

N田

一般常識の不足も困りますね。旅行先の地域について、「アジアなんだけど僻地《へきち》のほうなんだよね」というお客様に、「ヘキチってどこですか？」と真顔で質問しているオペレータがいました。

N本

ヘキチが国名か何かと思ったのでしょうか。そこまで教えておかなきゃダメなのかな。業務知識の研修も丁寧にならざるを得ないですね。

K子

うちも、若い人があまり使わなくなった一般用語を集めた用語集とか作りましたよ。車の事故の時の「エンコ」とか、「おかま掘られた」とか。あとは、小学校の国語の授業さながら、漢字の部首を教えることもあります。にんべんを明らかに勘違いしているオペレータが「にんべんの、にんべんの」ってお客様を押しきろうとしていたことがあって。にんべんだと存在しない字になるので、お客様も困っていました。

《年上オペレータからの洗礼》

N本

コールセンターの管理職って、人にものを教えることがとても多いですよね。教える時のコツってありますか。

K子

年上のオペレータさんや、先輩のオペレータさんを指導する立場になった時は、「なんでこんな子に教わらないといけないの」と思われないよう、本を読んだり外部研修を受けたりして、知識や人間力を鍛えました。それでも、気の強い方にはなかなか認めてもらえず苦労します。少し事務的な話し方になってしまうオペレータさんに、一緒に自身の音声ログを聞いてもらってから、「声に抑揚が足りない感じしないかな？」と伝えたら、「感じません！」とキッパリ。その後、口をきいてくれなくなりました。

T島

やっぱり年上の人の教育ってきついんですよね。とくに、オペレータを経験せずにいきなりＳＶとして入社する人にとっては第一関門といってもいいほど大変。こちらが質問すると、「ＳＶなのにそんなことも知らないんですか？」なんて、嫌味も言われるし、新しい業務をお願いすると、「まずＳＶが経験してみてくださいよ」なんて返されることもあります。気の強いオペレータさんのなかには、逆ギレして「ＳＶの対応が悪い」と言ってマニュアルを投げて帰っちゃう人もいるんです。

N本

……大女優みたいですね。

T島

そういう人に限ってね、実はナイーブで、ストレスから突発性難聴になったりするんですよ。ストレスと言っても、クレームを受けたからというよりは、自己評価が高いので、周囲の評価とのギャップに苦しんでいる。扱いに苦労しているＳＶは多いですね。オペレータって、主婦もいれば学生さんもいて、フリーターもいる。仕事に対する価値観や姿勢がそれぞれ違うんですよね。お客様に「ありがとう」って言われることが好きな人、お金さえもらえばいいやっていう感じの人。それぞれに合わせた育て方をしなくちゃいけないのが、難しいところですね。

（座談会の続きは１７６ページから）

第4章

多様なお客様

-CALL-

1

顔以外はまる見え?! 画面の向こうのお客様!

「**俺**を誰だと思ってるんだ!!」

ある日、ヒートアップしたお客様が息巻いて叫びました。

電話を隔ててオペレータと会話をしているお客様は、クレームで怒鳴り散らしても、罵詈雑言をぶつけても、電話だから自分が誰だかわからないと思っているのでしょう。

でも一度《ひとたび》オペレータがパソコン画面に視線を落とせば、そこにはお客様の氏名、生年月日、住所、勤務先まで、ばっちりと表示されています。

「俺を誰だと思ってるんだ！」とお客様に怒鳴られながら、（ふふふ、○○会社にお勤めの××さまですね。――もちろん、忘れませんよぉ……）と、そんなことを胸の内で思いながら、オペレータは淡々とクレーム対応をしているのです。

たとえ電話をかけてきたお客様が名乗らなかったとしても、大半のコールセンターでは電話番号で自動的に顧客情報が検索され、電話がつながると同時にオペレータの画面上に個人情報が表示される仕組みになっています。

電気・ガス・水道など光熱費の契約であれば、記録されているのは住所、氏名、生年月日くらいのものですが、私が働いていたクレジットカードのコールセンターは、審査や限度額の査定に使用するため、勤務先や家族構成まで細かく記録されていたのでした。

電話対応をしていると、面と向かってはなかなか口にするのも憚《はばか》られるような乱暴な言葉を使ったり、横柄な態度をとったりするお客様がいます。でも画面にはお客様の個人情報がびっしり。つまり、お客様は名刺や名札を付けて怒鳴っているようなものなのです。

その会社のイメージが変わる

当然、オペレータにも守秘義務があるので、画面に映るお客様の個人情報を外に出すことは絶対にありません。オペレータはどんなに嫌な思いをしても、「○○会社の部長さん、こんなことでクレームつけて2時間も怒鳴ってたのよ‼」なんて外で愚痴ることは決してありません。

でも、誰にも話せない分、オペレータの心のなかにはしっかりと記録されているのです。あまりにも理不尽なクレームを受けたり、ひたすら怒鳴られたりしていると、人間なので、「もう2度とこの会社の製品を買うもんか‼」と思ってしまうのも仕方がないことでしょう。

同僚のオペレータのなかには、たまたま自分が加入していた保険会社にお勤めのお客様から長時間クレームで怒鳴られ、帰宅後すぐにその会社の保険を解約してしまった人がいました。そこまでいかずとも、電話口での話し方ひとつでその会社、職業に対するイメージは簡単に悪くなってしまいます。

そんなことを日々経験しているからか、私は他社のコールセンターに電話をする時、つい緊張して、このうえなく丁寧な態度で電話をかけてしまいます。だって相手は私の個人情報を握っているわけですから。社員は会社の顔であると言われますが、それは会社を出た後でも変わらないことを、ゆめゆめ忘れてはいけないのです。

-CALL-

2

シニア対応って難しい！

シニアのお客様の電話は自慢話がスゴイです
それでウチの息子は××の社長で娘は医者で甥っ子は今年東大に入ってね…
ホースゴーイ
そうなんですかー
いい息子さんですねー
さすがにちょっと長いな…早く終わらせなきゃ
通話時間が長いんだよオーラ
ちらっ
お客様カードのお問い合わせでしたよね！
どのようなことですか!?
切り返し!!
そうそう…先月○○デパートで買った商品の明細なんだけど—
やった！
ほっ
で、デパートに連れて行ってくれたのは息子で息子は××の社長でね～！
戻った!?
切り返しの技術はもっとスゴイです
ガーン

コールセンター業界では最近、「高齢者対応セミナー」が大人気のようです。コールセンターにも着々と高齢化の波は押し寄せているのです。

高齢のお客様の電話対応はひと筋縄ではいかないことが多く、対応に頭を悩ませているオペレータは少なくありません。

例えば高齢のお客様のなかには耳が遠い方もいらっしゃって、なかなか電話口の声を聞き取ってもらえないことがあります。仕方がないことですが、お年とともに聴力は低下します。高齢のお客様と電話でお話をする時は、周りのオペレータブースに聞こえてしまうくらい声を張り上げて、やっと応対ができることもあるのです。

どれだけ叫んでも「えっ？ 聞こえないいんですけど～」と何度も聞き返され、オペレータは声を張り上げ続けるので、1つの通話にとても労力を使います。

さらに高齢のお客様はお話が長いことが多いのです。それも、コールセンターのご用件に全然関係ないことを延々と話します。

例えば、「私の息子は××という企業（もちろん誰もが知る一流企業です）で取締役をやっているんですよぉ～。娘は国家公務員で、甥っ子は東大で……」など、延々と身内の自慢話をするような高齢のお客様などです。

電話に出たオペレータも、初めは「スゴイですね～！」「そうなんですか～」と、愛想よく相槌を打っていますが、さすがにずっと話を聞いているわけにもいかず、「それで、ご用件は……？」と聞き返します。すると、「あ、さっきやってた、えーっと、なんだっけ……あの商品が欲しいんだけどね。で、ウチの息子がね〜」と強引に切り返され、自慢話のループから抜け出すことは至難の業だったりします。

話し相手の少ない一人暮らしのお年寄りは、自慢話をただ頷きながら聞いてくれる人を求めて電話をかけているのかもしれません。とくに、平日のお昼の旅番組や時代劇の後に流れる通販番組の受注センターでは、日中家にいることが多い高齢のお客様からの電話が多く、そのような対話になってしまいがちだそうです。

認知症のお客様からのクレーム

また、これは少しセンシティブな問題ではありますが、コールセンターでは認知症のお客様からのクレームも問題になっています。

とある通販のコールセンターに、高齢のお客様から「商品が届かない‼」と電話がかかってきました。しかし、オペレータがいくら確認しても、そのお客様からの注文履歴はありません。受け答えがかみ合わないところがあることが気になりつつも、オペレータは何かのミスでデータが確認できないのかもしれないと考え、必死で調査を続けました。

結局、管理者も巻き込み、コールセンター総出で数時間にわたって対応したのですが、最後まで原因はわからずじまいで、ひたすら謝罪しその日は電話を終えたそうです。

ところが後日、ご家族からの連絡でそのお客様が認知症になってしまい、さまざまなコールセンターにクレームの電話をしていたことがわかったのです。こうした電話もまた、コールセンターで増えているのです。

これから、高齢化はますます進みます。コールセンターのシニア対応問題は喫緊《きっきん》の課題なのです。

-CALL-
3 終業間際の祈り

クレーム対応は時間がかかるものです。1度クレームに捕まるといつの間にか何十分も経っていた、なんていうことはざらにあります。

仕事なので、やりたくないなぁなんて言ってはいられないのですが、クレームにはできれば捕まりたくないものです。けれど、そんな邪念を抱いている時に限って、クレームの電話はかかってきます。

例えば、早シフトで、「今日はこの後、合コンだ!!」なんて気合いを入れている時に限って。

もしくは、「この電話さえ終われば帰って寝れる!!」と、残り時間を指折り数えている時に限って。

電話を取ると、「さっき対応したオペレータの態度が気に入らない！　あいつを電話に出して謝罪させろ！　なに帰った？　呼び戻せ!!」とか、「商品について質問がある。今調べろ。明日？　今じゃなきゃダメだ!!」とか、なぜか長引きそうな電話ばかりかかってきます。

クレーム対応中は待ち合わせ相手に連絡できない

運悪く最後の1本の電話が長引くものになってしまうと、有無を言わさず残業確定です。個人情報保護の観点で、職場への携帯電話の持ち込みが禁止されている昨今のコールセンターでは、クレームに捕まってしまった日に誰かと会う約束をしていても、「仕事が長引きそうだから約束に遅れそう」という連絡ができません。

携帯電話のおかげで待ちぼうけを食うことが稀《まれ》になった現代で、待ち合わせの相手を連絡なしに待たせてしまうことがどれだけ大変なことか！　やっとクレーム対応が終わって走ってロッカーに行き、携帯を見ると相手からのメールと着信がびっしり。さっきまでお客様にさんざん謝っていたのに、今度は待ち合わせ相手にひたすら謝らなければならないのです。

待ち合わせをしていなくても、終業間際のクレーム対応は周りに気を遣います。すべての電話対応が終わらなければ、コールセンターを閉められないので、上司やその日の戸締り当番になっている社員も巻き込んで残業させることになってしまいます。

オペレータや社員が続々と帰宅していき、電気が次々と消されていくなか、自分と上司、そして鍵当番の社員だけが残り、電話口でひたすら謝り続ける。何とも言えないこの空気は、経験したことのある人にしかわかりません。

「どうか今日も何事もなく終わりますように！」

オペレータは毎日、終業時間が近づくと真摯《しんし》に祈り続けているのです。

12
9
3
6

-CALL-

4 クレームは休憩をはさむ！

お客様の電話をオペレータから先に切ることは失礼にあたるので、コールセンターでは、「電話をオペレータから切ってはいけない」と教え込まれます。

そのため、なかなか解放してもらえないクレームに捕まってしまうと、数十分から、長いと数時間、相手が電話を切ってくれるまで延々と謝り続けることもあります。休憩が取れず食事に行きそびれたり、残業を免れず、場合によっては深夜までコールセンターに取り残されることもあります。

クレームでなくとも、お客様が納得するまでオペレータは電話でお付き合いをしなければなりません。フリーダイヤルの場合はとくに、通話料を気にせず話せるのか、1度つながると世間話などを交え延々と話をする高齢者の方などもいらっしゃいます。

オペレータは業務効率を求められて、通話時間や処理する件数などをチェックされているので、お客様のお話が長くなると、後で上司に小言を言われないかヒヤヒヤしながら電話を受けているのです。

「ちょっと待っていて」と放置される

電話をしていると、稀《まれ》にお客様が「あ、誰か来たからちょっと待っていて」と電話を置いてどこかに行ってしまうことがあります。でも、そういう場合も電話を切れません。さすがに何十分も帰ってこないと、（もしかして忘れられているのではないか……）とだんだん不安になってくるのですが、ひょっこりと「お隣さんがきて話が長引いちゃってごめん

〜」とお客様が戻ってくることもあるので気が抜けません。

私たちのこんなハラハラなど、電話の向こうのお客様はお構いなしです。あるクレームでは、怒鳴り疲れたのか、「ちょっと休憩するから!!」といきなり電話を切られてしまったことがあります。

もちろん、こちらは休憩どころではなく、またかかってくる時に備え、急いでパソコンに応対内容を記録して、上司に報告しなければいけません。パソコンの入力がやっと終わり、(取りそびれていたお昼休憩に行こうかな……)、なんて思っている矢先に、「N本さん！さっきのお客様からまた電話が来ました!!」と呼び出されるのです。

お客様は休憩をはさんで、体力もフルチャージ！元気いっぱいです。さっきより勢いよく「どうなってんだー!!」と、声を張り上げて怒鳴っています。

(カンベンしてください！)と、自由すぎるお客様たちに、オペレータは今日も涙しているのです。

まさかこっちから電話切っちゃったの!?
セクハラされたんです！
えっ？
ありえない…
私がカワイイからって！

-CALL-

5 ケガの功名

電話対応中、オペレータは席を立つことができません。1度電話に出てしまったら最後、お腹が痛くなろうが何があろうが電話を途中で切るなんてもってのほか。とにかく耐えて耐えて耐えきって、電話を切った瞬間にやっとトイレに駆け込むことが許され

ます。

コールセンターのオペレータは頻繁にトイレ休憩に行きますが、それはこうした不測の出来事に備えるためなのです。本当です。だから、ＳＶさんも嫌な顔をしないでトイレに行かせてあげてくださいね。

身の上話は逃げ場がない

と、話はそれましたが、そんな私も電話中、しかもクレームを受けている時にお腹が痛くなってしまったことがありました。

（う！　お腹が痛い……！）

突然襲ってきた痛みに、一瞬にして額に脂汗が浮かびます。（原因は、お昼休みに食べた定食?!　いや、もしかして朝食べたカレー？　夏場なのに火を通し足りなかったかな……）など思考を巡らせることで、なんとか意識を保ちます。

そうした最中《さなか》でも、お客様からはつらつらと不満が語られます。

「まったくどうなってるの！　あの人本当に態度が悪くて、まるで私が悪いみたいに言うんですよ？　失礼しちゃうわ!!」

オペレータの態度が悪い！　ということでクレームを寄せられたマダムは、延々1時間不満を語っています。「ま、まったくおっしゃる通りですね……！」と応える私の声を聞いているのかいないのか、「私だって支払いたいんですよ！　支払えるもんだったらとっくに支払ってるわ！　でも、こんな世の中でしょ、お店を開けたってお客さんは来ないし、昨日の売り上げだって……！」と、ついに身の上話に移行しました。督促の電話をしていると身の上話や世間の不満を語られることはよくありますが、こうなると、「確認しますので少々お待ちください」と電話を保留や折り返しにする最後の手段を使いにくくなるのです。

「本当に本当に、大変な世の中ですよね……お察しいたします。私どものオペレータも、お客様に失礼をして、も、う、し、わ、け……ござい、ま、せん……!!」

何か喋っていないと意識を失うという痛みのなかで、私はとにかく謝罪を繰り返しました。

すると、「あら、分かってくれたのね！　ありがとう。もういいわ!!」。

私の口から出た、息も絶え絶えな言葉は、偶然にもお客様の心を動かしました。まさにケガの功名。史上最も心のこもった謝罪に聞こえたのでしょう。こんなシチュエーションで申し訳ありませんが。

（終わった……）と、ヨロヨロと席を立ち、トイレへ駆け込む私。その道筋はまるで天国への階段のように光り輝いて見えたのでした。

-CALL-

6 男たちのコールセンター！

コールセンターある所にいたずら電話あり。そう言っても過言ではないくらい、コールセンターにはいたずら電話がよくかかってきます。

1番多いのは、いわゆるいやらしいことを言ってくる男性からのセクハラ電話です。フリーダイヤルで通話料がかからないし、コールセンターのオペレータは女性が多いので、せこくて卑怯な男性の標的になりやすいのです。

セクハラ電話は商品の質問の合間に卑猥な言葉を言ってくるような電話や、アダルトビデオを延々流すといった定番モノ（？）から、ひたすら自分の吐息を電話越しに聞かせたり、マニアックな言葉攻めまで、バラエティに富んでいます。

こうした電話は保険やクレジットカードの入会受付のように、幅広く電話を受け付けるコールセンターのほうが多くかかってくるようです。とくに比較的オペレータの年齢が若い窓口は、より狙われやすくなります。

困ったことに、セクハラ電話はなぜか人手が手薄になりがちな夜間や休日などにかかってくることが多いので、電話が取り切れず待ち呼が出ている時などは本当に腹が立ちます。電話をしてくるのは、平日昼間は働いている男性が多い（なかには無職の方もいらっしゃるようですが……）ので、この時間帯にかかってくるのは当たり前とも言えるのですが、電話が取れなければ応答率が下がるので、毎日必死で応答率を守ろうと電話を取っている私たちとしては、なんともやりきれない気持ちになります。

男性の声だとすぐに切れる

そんなセクハラ電話に悩むとある休日出勤の日のこと、懲りずにまたセクハラ電話がかかってきました。けれど、たまたまその日は、3分の1以上が男性オペレータという珍しい日だったのです。それを見て突然、マネージャーが声を張りました。

「よし、女性は電話を取らないで！　いたずら電話がおさまるまで、男性だけで対応してみよう‼」

かくしてその日は、世にも珍しい「男子コールセンター！」が誕生したのです。

セクハラ電話は男性オペレータが取るとすぐに切れてしまいます。しばらくは出ては切られ、出ては切られての繰り返しでした。

(これはなかなかいいかも‼　これに懲りたら、もう、うちにセクハラ電話をするのはやめてもらえるかな！)

一瞬そんな期待が膨らみます。

しかし、その時1人の男性オペレータが手を挙げました。

「えっ、N本さん……！　なんか、いやらしいこと言ってくるんですけどぉ‼」

そうなのです。いくらかけても男性しか出ないと知った犯人は、なかでも比較的声の高い、若い男の子を狙ってセクハラをしてきたのです。

慣れていない男性オペレータは、女性以上に初々しいリアクション。これはもしかして、相手を逆に喜ばせてしまったのでは……？

そんな視線をマネージャーに向けると、マネージャーもげんなりした顔でこう言い放ちました。

「えっと……すみません。声の野太い人だけ電話に出てください」

かくして、史上最も男臭いコールセンターが爆誕。ようやく、いたずら電話は止まりました。めでたし、めでたし……？

-CALL-

7 『ありがとう』に救われる

今までクレームや業務内容の大変さなど、コールセンターのマイナス面ばかりを多く書いてしまいましたが、コールセンターにはもちろん魅力的な部分もたくさんあります。

私自身、楽しすぎて長年コールセンターという職場から離れられないように、働いていると心温まるエピソードや、やりがいを感じる出来事に出会うことも多くあるのです。

お客様に言われる「ありがとう」や「助かったよ」という言葉は、大変な思いをすることが多いからこそ、涙が出そうに嬉しく感じることがあります。

稀《まれ》にですが、クレームで電話をかけてきたお客様からもお礼を言われることがあります。初めはとても怒っていたお客様の心を、真摯《しんし》に対応することで、最後に解きほぐせると、なんとも言えない達成感を覚えます。

クレームはピンチでチャンス

一説にはクレームの電話をかけるお客様は、その会社のファンになってくれやすいとも言われているそうです。

例えば、とある旅行会社のコールセンターでのエピソードですが、ある日、旅行を申し込んだお客様から、「宿泊した旅館の対応が悪すぎる!!」というクレームが入りました。

そのお客様は、大切なご家族の記念日に旅行を計画し、その旅行会社がインターネットで紹介していた旅館に宿泊したそうです。ところが、旅館の設備や料理、接客などのサービスのレベルが想像よりも低く、ご家族からは「あまり良くなかったね」と失望の声があがりました。メンツを潰されたお客様は怒り心頭で、コールセンターにクレームの電話をかけてきたのです。

冷静に考えれば、落ち度は旅館側にあるような気もするのですが、そのコールセンターでは「大切な旅行に、ご期待に添えず申し訳ございません！」と平身低頭で謝罪し、記念日を台無しにしたお詫びにと、すぐにお客様のご家族宛てに花束をお送りしました。するとお花を贈られたご家族はとても喜ばれ、クレームの電話をかけたお客様もコールセンターの対応をベタ褒め。その後はずっと、その旅行会社の常連になってくださったそうです。

コールセンターにはクレームや苦情といったマイナス感情の電話がよく入りますが、対応ひとつで、マイナスを大きなプラスに変えることもあります。遠く離れたお客様と言葉でつながるコールセンターだからこそ、そんな魔法を起こすことができるのです。

From
コール
センター

座談会

3 【コールセンターで働く人に聞いてみました！③】忘れられないお客様

N本

今までの経験で印象に残るお客様のエピソードってありますか？

N田

私のコールセンターは、オペレータさんには年配の方が多くて、管理者は若手が多いんですね。「上司を出せ！」というクレームになると、アシスタントSV、SV、損保の担当職員とエスカレーションしていくんですけど、たまたまその順番でドンドン若くなってしまったことがあって。しかも全員、女性だったので、「男はいねえのか?!」とお客様が怒鳴ってしまったことがありました。結局、折り返しにして、他部署の男性社員を引っ張ってきて対応してもらいました。

N本

お客様としては役職以上に男性であることがポイントだったんですね。

N田

そうなんです。説明内容が同じでも、男性だと納得するお客様は少なくありません。女性スタッフにとっては、努力ではどうしようもないので、本当にやるせない気持ちになりますよね。

《クレームの正体は間違い電話?!》

K子

最近、やるせなかったのは、間違い電話からのクレーム。電話に出た瞬間に「配送番号言うね！」と言われて、番号をバーッと伝えられて。たぶん宅配会社と間違えてるんだろうと思ったので、丁重に「こちら違うコールセンターなんですけど、番号をおかけ間違いじゃないですか?」とお伝えしたら、「頭悪いんじゃないの？　配送番号さえ言えばいいって言われたから言っているのに、対応できない人を出すんじゃないよ！」の一点張りで、私の話はまったく聞いてくれないんです。「もうあなたじゃ話にならないから、上の人を出して」と言われ、正直、ＳＶの立場でエスカレーションするというのはとても恥ずかしいことなので落ち込んでしまいました。仕方ないので同僚に説明して代わってもらったんですが、保留にしている間にお客様が自分で間違い電話に気が付かれたようで、代わってもらった瞬間に「あ、ごめん。俺が間違えているのかな！」と言って切れたようで。力が抜けました。

N本　それは……事故に遭《あ》ったと割り切るしかないですね。

T島　電力会社のコールセンターでオペレータをしていた時の話ですが、電話を取った瞬間から怒っているお客様がいて、1時間ぐらい耐えながら対応していたのですが、話を聞いているうちに、「あれ？ これ電気の話じゃない。ガスかも！」と気が付いて、「お客様、失礼なんですけれども、もしかしてガスの話じゃないでしょうか？」と聞いたら、「あっそうだった！」ガチャ、プープーって突然切れました。

N本　お客様も恥ずかしかったでしょうね。

T島　電力会社のコールセンターはクレームが多かったので、その時も、つい1時間耐えちゃったんですよね。例えば、電気料金を滞納して電気を止められると道理は分かってはいても腹が立つわけです。夜帰って家のなかが真っ暗。「金払うから、すぐ電気つけに来い」と焦ってるお客様に、コールセンターでは、「コンビニでお支払いください。支払いを確認後、電気メーターの作業をしに伺うので、そこから30分ほどお待ちいただくと電気がつきます！」と案内するので、まず納得してもらえないんですよ。怒りがおさまらなくなったお客様が、「お前が許せない。

お前に直接払う」と言い始めて。「夜10時に行くから受け取れ。その時にガソリンを撒いてやる」と言いだしたので、警察を呼んでパトカー2台に待機してもらったこともあります。本当に、その夜10時に払いに来たんですが、普通のサラリーマンでしたよ。普通に料金を払って、普通に帰って行きました。

N本　電話だとついヒートアップしちゃうんですかね。

《「メリークリスマス」を言わされる》

T島　電話が切れても怒りがおさまらず、３００キロ離れた所からお客様が来て大暴れ、ということもありました。

N本　怖すぎる……。えっと、穏やかなエピソードもお願いします！

K子　クリスマスに仕事をしてたら、オペレータの１人が突然「メリークリスマス」って電話口に言っているんですよ。「ええっ?!」と驚いて聞き耳を立ててたら、どうやらお客様に言わされているんですよ。悪ノリしたお客様が、「からの～？　から

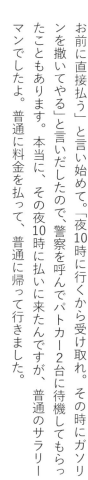

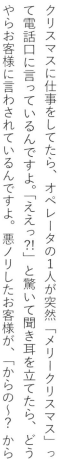

の～?」って煽って、オペレータもしぶしぶ、「ハッピーニューイヤー!」。それもすごく大きな声で。

N本

その適応力すごいですね。

T島

夜中に、クイズ出されたことがありますよ。電話に出ると、「ディディーン、問題です」。

一同

え……いきなり?!

T島

そう、前フリないの。「あなたの会社の本社の前に立っている銅像は何の象徴でしょうか? チチチチチ!」。10秒経つと「ブー。上司に代わって」って言うんです。でも、代わったSVもクイズに答えられない。結局、「ブー!」って言って、切られちゃう。毎日のように、夜中の2時にかかってきて、オペレータが困っていたので、僕、勉強したんです。「お宅の会社の社有車、車は何台お持ちでしょうか? チチチチ!」と言うので、「3400台でございます!」って答えたら、「正解!!」。「やったー!」と思ったら、「第2問!!」。もちろん、2問目もクリアしましたけどね。

N本

本当に、コールセンターって、いろんなお客様からのお電話に対応しますよね。皆さん、百戦錬磨の達人で頭があがりません。また、お話を聞かせてください。

(座談会はここで終わります。皆さん、ありがとうございました)

第5章

コールセンターで働くことの魅力

-CALL-

1 仲間との絆

理不尽なクレームや、お客様から想定外のさまざまな要求を受けなければならないコールセンター。そんな外からのストレスが強いせいか、逆に社内では上司と部下、同僚同士など仲間同士の結びつきがとても強くなることがあります。

私が新卒で配属された督促のコールセンターは、クレームも多く毎日のように怒鳴られていたので、何度も「辞めたい」と思いました。でも、それを思いとどまらせてくれたのは上司や先輩、同僚の存在でした。

先輩方には、自分が起こしてしまったクレームを何度代わって対処してもらったかわかりません。同僚と、居酒屋でこぼし合う愚痴にどれだけ気持ちが救われたかわかりません。社内での人間関係は、私にとっていわばセーフティネットのようなものでした。

私に初めて後輩ができた時――つまり社会人2年目になった時には、すでに同期が半分、退職していました。次々にコールセンターを去っていく同僚を見送ってきた私は、自分に初めてできた後輩をとにかく辞めさせないようフォローしなきゃ！　と、勢いづいていました。

そんな私の後輩になった女子社員2人。体育大からきた小柄な女の子と、福岡県出身のとてもかわいい女の子でした。

「これ私の連絡先だから！　何か困ったことがあったら連絡して！」

私は初日から先輩風を吹かせて連絡先を2人に渡すと「今から私が督促するからね、2

人は聞いてるだけでいいから！」と無理やり後輩に自分の電話をモニタリングさせました。

終わって、「どうだった?! これが督促だよ！」とばかりにドヤ顔で振り返ると、2人はポカンとしています。考えてみれば当たり前のことですが、初めて督促を聞かされて意味がわからなかったのだと思います。

体調を崩して退社した後輩

こんなイタイ先輩だった私は、自分の業務だけで手一杯で、なかなか2人をフォローできず、結局、半年も経たずに小柄な後輩はストレスから突発性難聴になり退職してしまいました。苦しんでいた彼女の力になれなかったことは、今も私の中に苦い思い出として残っています。


もう1人の女の子は、辞めずに仕事を続けてくれました。私はそれに安堵し、この子だけでも支えていこう、と決意を新たにしました。

そんなある日、同僚から「N本さん、あの後輩ちゃんにアドレス書いたメモ渡した？……言いにくいんだけど、後輩ちゃんが落っことしてたよ」と、初日に渡したメモが届けられました。

そこには、「わからないことがあったら聞いてね！」とはしゃいだ文字とともに書かれた私のメールアドレスと電話番号が……。「個人情報は大切に」と、最初に教えておくべきだったと、私は目を覆いました。

-CALL-

2

「上司に代われ」は気にするな！

督促をすると
すごく怒鳴るお客様も
うるせぇ
ブス！
黙って待っててりゃ
いいんだよ！
ええ～
男性が電話すると
一発で入金に
なることがあります
ご入金して
いただかないと
困ります
わ、
わかったよ
なぜ!?
名乗っただけですぐに
切られてしまうお客様も
大丈夫ですよ
力になります
あ、あの
実は…
女性が電話をすると
話しをしてくれたり…
まさに
コールセンターって
一人じゃ
ないんだ！
チームプレイ！
ぐっ
足引っぱら
ないでよ

「アンタじゃ話にならないわよ！　他の人出して‼」

コールセンターで働くオペレータであれば、お客様にこんなセリフを言われたことがある人も、多いのではないでしょうか。

「上司を出せ」

「話の分かるやつをつれてこい！」

そんなお決まりのセリフを言われて泣きそうになりながらも、忙しいSVを捕まえてなんとか電話を代わってもらうと、なんともあっけなくクレームがおさまってしまうことがあります。

そんな時は、自分の無力さを痛感します。自分にはオペレータの才能がないんじゃないか……なんて、つい自信を失ってしまいそうになるのです。

でも、気にする必要はまったくありません。オペレータとお客様には、相性があるのですから。

私が働いていた督促のコールセンターには、対応にてこずった場合は、自分とまったくタイプの違う別の同僚に電話をパスするベテランの先輩がいました。すると、嘘のようにすんなりと入金になるのです。

お客様にもさまざまなタイプがあります。厳しく言わないと入金してくれない人、逆に優しく持ち上げなければ入金してくれない人。男性が督促をしたほうがいい人もいれば、女性のほうが効果的な場合もあります。

先輩方は、なかなか回収ができないお客様に、違うタイプの人が順番に電話をかけ、相性を探りながら回収をしていました。まさに、たくさんの人が働くコールセンターという場所だからこそできるチームプレイでした。

お客様という神様は理不尽

話し方ひとつでも、お客様には好き嫌いがあります。丁寧に話されると腹が立つ人、低い女性の声が嫌いな人、逆に高い男性の声がダメな人――千差万別です。

高齢の男性の中には「女じゃ話にならん！」と言ってくる人はいまだに多く、勤続20年の大ベテランの女性マネージャーから新人１年目の男性社員に変わったとたんに態度が豹変しおさまってしまった、なんてことすらあります。

とあるオペレータさんは、「あなたの声が苦手な上司に似ている！」なんて理由で電話を代わらせられたこともありました。お客様という神様は、こんな理不尽な要求もするのです。

もし、お客様と話している最中に「他の者と代われ！」と言われても、必要以上に自分を責めるのは無意味です。もちろん、自分の話し方や、知識の無さが相手を怒らせてしまう場合もあるかもしれません。でも、代われと言われたら「この人とは合わなかったんだな」と開き直って、さっさと代わってしまいましょう。

オペレータはたくさんいます。1人で抱えこまず、そのお客様と相性のいい人に渡すのが1番。コールセンターは、「チームで仕事をしている」ということが強みなのです。

-CALL-

3 ストレス発散が奏功する

コールセンターは、代表的な感情労働の仕事の1つです。

感情労働とは頭脳労働、肉体労働に続く第3の労働形態とされています。感情を疲弊させることで、対価を得る労働です。

例えば、どんなに嫌なお客様にも笑顔で対応しなければならないキャビンアテンダントやホステスなどの接客業、理不尽に怒鳴ったり怒ったりする方にも平等に接しなければならない看護師や介護職も感情労働といえます。

ちなみにコールセンターのオペレータは、２０１５年の韓国の統計データで、感情労働に該当する職種のなかでストレスが多い職種ナンバーワンに輝いています。

ストレスフルなコールセンターで働く人々は皆、それぞれのストレス解消方法を身につけています。例えば、観劇やコンサートへ行くこと。シフト制で、平日に休みをとりやすいコールセンターは、こうした趣味と相性がいいらしく、「ライブに行くためだけに働いている」と豪語するお姉さまたちもいるほどです。地方公演へも足しげく通うお姉さま方は、遠征費用を稼ぐために欠勤もせず目いっぱい働いてくれます。コールセンターにとって、とても力強い戦力なのです。

趣味が高じて転職?!

ストレス発散から始めた趣味がいきすぎて、仕事になってしまった人もいます。

私の上司は、30代後半からサーフィンにハマりはじめ、相当楽しかったようで、通勤に

２時間以上かかる海の近くに引っ越してしまったのです。さらにサーフィンを続けるうち、知り合ったサーフショップの経営者と仲良くなり、「新店舗の店長にならないか」とスカウトされました。そして、ちょうど募集がかかっていた希望退職に応募しあっさりと転職してしまいました。その後、研修で米国にサーフィンに行ったり、毎朝店舗に出勤すると開店前にサーフィンをしたりと、大好きなサーフィンざんまいでイキイキと働いているそうです。

コールセンターはストレスが多い業種ですが、それをエネルギーに変えることができれば、人生を充実させることにもつながります。

そういえば、私が４コマをブログに描き始めたのも、あまりに仕事が辛くて、「誰かに知ってほしい」「なんとか外に向けて発散したい」という思いからでした。それが元で本を出すことになったのですが、私も立派にストレス発散をこじらせた１人なのかもしれません。

後日談…
わ、私も趣味で転職とかできるかな
ドキドキ
料理
ギャー
もくもく
スポーツ
ゼー
ゼー
も、もうムリ
資格
また落ちた！
不合格
あんた最近ぼーっとしすぎ！
趣味の疲れが!!
すみませぇぇん！
ギリギリ

-CALL-

4 モテ期を呼び寄せる職場

職場といえば男女の出会いの場でもあります。年ごろの男女が大勢働くコールセンターでも、社員とオペレータ、またはオペレータ同士、社内恋愛から職場結婚へと至るカップルがたくさんいます。

職場恋愛では大抵がそうなのかもしれませんが、コールセンターでも付き合っていることを秘密にしているカップルが大半です。そうすると、朝礼などで結婚報告を聞いて初めて「え?! あの2人付き合ってたの?!」と周囲が驚かされることになります。

シフト作成を担当する社員のなかには、「この2人は絶対に怪しい！ 休みの希望が重なっていることが多い！」と探偵のように鼻をきかせたり、「あれ? この2人やたら近い場所に引っ越したぞ。まさか……」など、カップル探しに躍起になっている人事担当もいたりするので、職場から離れた場所でデートをするなど、皆さん苦労してお付き合いをしているようです。

エスカレーションでオペレータからモテる?!

コールセンターでは、社員同士の結婚は意外と稀《まれ》で、男性社員と女性オペレータというカップルが圧倒的に多い印象があります。

私がいたコールセンターはとくに男性社員が多かったせいか、毎月「またか！」と思うくらい男性社員とオペレータの結婚報告を聞いていました。

社員とオペレータの関係は、サポートする側とされる側、教える側と教えられる側で、ある種の師弟関係のようなもの。しかも、クレームで困っている時に、颯爽《さっそう》と現れて「クレーム？ 俺に代わって！」などとエスカレーションを引き受けるものですから、社員はなかなか頼もしく見え、モテてしまうのです。

また、社員の特権を利用するとアプローチもしやすいようです。ものすごく美人な新人オペレータが入った時、ある男性社員が座席表を作る係の社員に、「俺の席、○○さんと近くにして！」と頼み込んでいる姿を見かけたことがありますが、なんとその1年後に彼は見事その美女を射止めゴールインしてしまったのです。なんでも、質問に呼ばれた際にこっそり連絡先を渡したのだとか。

けれど社員とオペレータが結婚すると、ほとんどの場合、オペレータは寿退社をします。結婚はめでたいことではありますが、せっかく育った人材がいなくなってしまうので、悩ましいことでもあります。

ある時、あまりにも多くの優秀なオペレータが社員と結婚して退職してしまうので、見かねた部長が係長を呼び出し小言を言ったそうです。すると、その係長は急に顔色を変え、いきなりその場で、「すみません！ 私も実はオペレータのAさんと結婚することになりました」と報告し、部長を唖然とさせていました。

このように、恋愛に発展しやすい要素を持つ職場であるコールセンター。婚活の一環でお仕事を始めるのも悪くないかもしれませんよ。

-CALL-

5 電話越しの再会

ある時、突然自宅のパソコンがインターネットに接続できなくなりました。インターネットに接続するためのモデムを変えたばかりだったので、説明書を見ても操作の仕方がいまいちよくわかりません。

仕方なく、説明書に書いてあるフリーダイヤルに電話をかけることにしました。

「――はい、××サポートセンターです」

電話に出てくれた男性オペレータの説明はわかりやすく、おかげでなんとかモデムは動き始めたのですが、インターネットがまだつながりません。すると、親切に設定方法まで教えてくれたのです。

「メニューに××という名前がありますか？　それを押して下さいね」

ただただ電話の声を頼りに操作をする私。そうするうちに、なんとなくその声に聞き覚えがあるような気がしてきました。

（あれ？　これってもしかして――S藤くん?!）

敬語が苦手で怒られ続けた後輩

S藤くんは1年ほど前に、私の働く督促のコールセンターにオペレータとして入社してきた男の子でした。

若いせいか敬語が苦手で、よくお客様を怒らせていました。彼の指導者役であった私は、モニタリングした後に、「ここはこう言おうね」と1つひとつ教えていました。

しかし、努力の甲斐もなく、S藤くんは入社して1カ月目から休みがちになり、3カ月目にはほとんど出社してこなくなりました。そしてそのまま連絡が取れなくなり、突然辞めてしまったのです。

引き取り手のないS藤くんの残された荷物を整理しつつ、(私の教え方が悪かったのかなぁ)と、深く反省しました。


当時、毎日のようにモニタリングしていたS藤くんの声と、電話越しに聞こえるオペレータの声はとてもよく似ています。

そんなことを考えているうち、パソコンは無事インターネットとつながっていました。お礼を言いつつ、なんとか確かめる方法はないかな、と考えた私は閃《ひらめ》きました。そうだ、電話の最後に、名乗りがあるはずだ！と。

オペレータが電話を切る時には、必ず名前を名乗るよう教育されているハズです。私は、耳に意識を集中させました。


「では、ここまではS藤がご案内しました」

やっぱりS藤くん‼　確信めいたものを得た瞬間、一気に感傷が押し寄せます。

今はこのコールセンターで働いているんだなぁ。督促は向かなかったかもしれないけど、このコールセンターでは上手くいってるのかな。敬語もちゃんと使えているし、説明も上手だった。成長したんだなぁ。

S藤くんが私に気付いたのかは分かりませんが、電話越しの思いがけない再会に、ほんのりとあたたかな気持ちになった出来事でした。

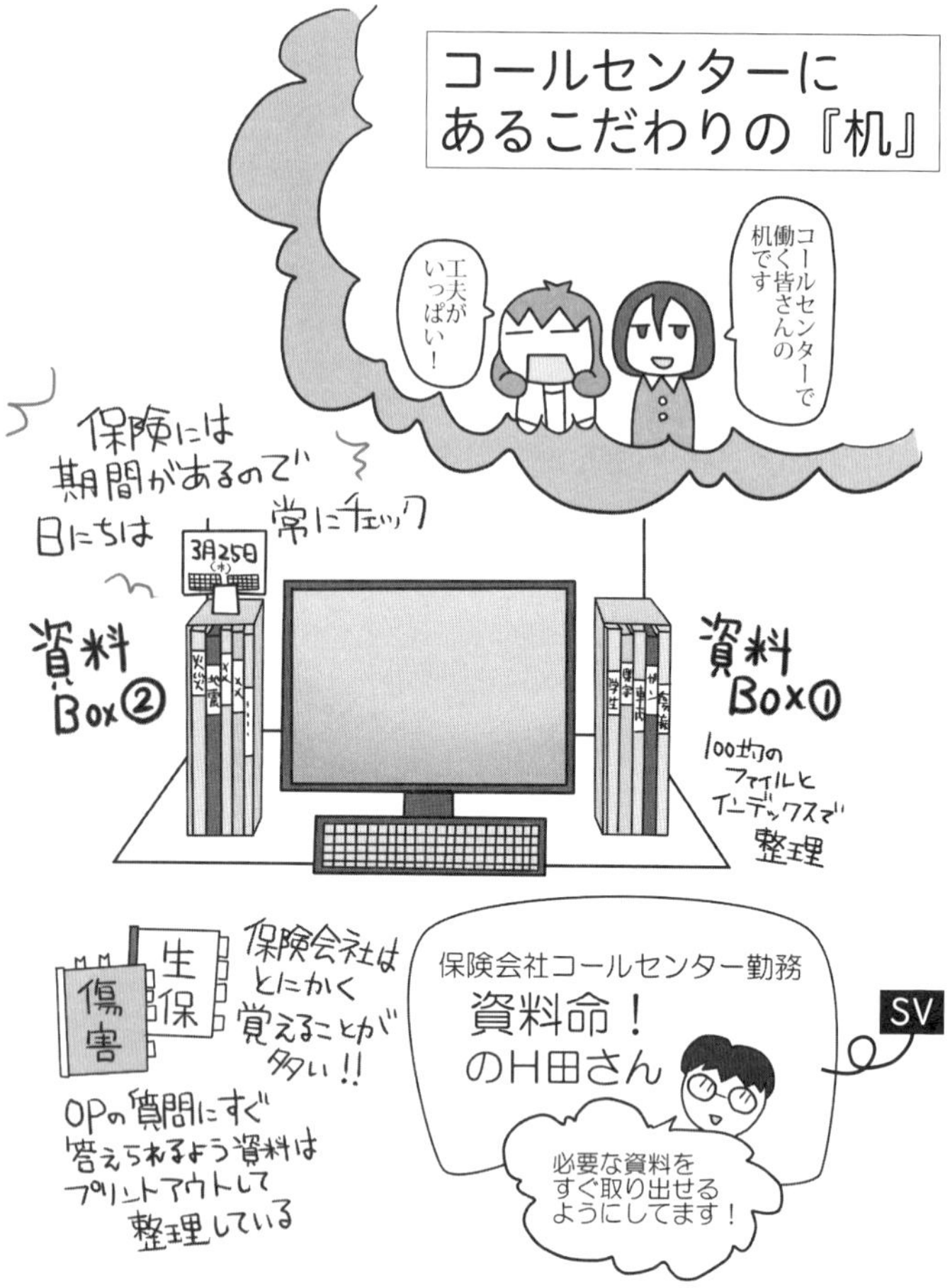
コールセンターに
あるこだわりの『机』
コールセンターで働く皆さんの机です
工夫がいっぱい！
保険には期間があるので日にちは常にチェック
3月25日
資料Box②
資料Box①
100均のファイルとインデックスで整理
傷害
生保
保険会社はとにかく覚えることが多い!!
OPの質問にすぐ答えられるよう資料はプリントアウトして整理している
保険会社コールセンター勤務
資料命！
のH田さん
SV
必要な資料をすぐ取り出せるようにしてます！

アイドルの写真
鏡
加湿器
ハンドクリーム
仕事中は
ときめきと
笑顔と保湿は
欠かしません！
オペレータ
通販会社コールセンター勤務
女子力！
A藤さん

猫フィギュア
猫写真
猫マウスパッド
（持ち込み）
オペレータ
金融関連会社
コールセンター勤務
猫マニア
M木さん
猫を５匹飼って
いて、ぶっちゃけ
猫の為に働いてます

COLUMN

オペレータが工夫する快適な職場づくり

多くのコールセンターではオペレータの席は固定されておらず、毎日座る場所が変わります。

オペレータは朝出勤すると、まず座席表で自分の座席を探すところから仕事が始まります。座席数が多いコールセンターでは、ひと苦労です。見つけられないオペレータの座席を探して案内することが、ＳＶの朝の業務の１つになっていたりします。

座席を見つけると、着席をして仕事道具をセッティングしていきます。

まず、机をウエットティッシュで拭いて（毎日いろんな人が使うので衛生面は気になります）、電卓やメモ、文房具、マニュアル類を使いやすい場所に配置します。そしてこだわりのある人は、ここから自分専用に机を飾り付けていきます。

オペレータの机の上に置いてあるもので、代表的なモノは写真です。子供の写真やペットの写真、好きなアイドルや韓流スターの写真……。お客様と絶えず会話をして、時にはクレームを受けなければならないコールセンターでは、こういった癒し道具が必須なのです。

他にもぬいぐるみや、小さなフィギュアなどが飾られていることもあります。数が多くなると、配置するだけでいちいち面倒だとは思うのですが、「フィギュアに囲まれていると守ってもらっているような安心感がある」と、そのブースに座るオペレータは言っていました。

女性オペレータのなかには、加湿器を持ち込む方もいます。一日中電話でしゃべりっぱなしなので喉を痛めてしまうことが多く、喉が弱いオペレータにとってポータブルタイプの加湿器は欠かせないアイテムのようです。

「さすがにやり過ぎだ!」と禁止になりましたが、ミストとアロマが出る卓上タイプの美顔機を持ち込んでいるオペレータもいました。美意識が高いですね……。

私が1番驚いたのは、水晶玉やお守りなどスピリチュアルなアイテムが所狭しと並んだ机。やはりお願いごとは、「クレームのお客様に当たらないように」でしょうか。魔よけの水晶玉が怪しく輝き、異様なオーラが漂っていました。効果があったのかは、今のところ不明です。

-CALL-

エピローグ

「コールセンターのオペレータ？ その仕事、もうすぐなくなりますよ」

私はコールセンター勤めの傍《かたわ》らで漫画や文章の執筆も行っているため、作家やマスコミの方々の集まるような場にも呼ばれて行くことがあります。自己紹介の時、私は「コールセンターでオペレータをしています」と名乗ることが多いのですが、ある時、いきなりこんな言葉を投げかけられました。

「コールセンターのオペレータ？ その仕事、もうすぐなくなりますよ」

言われた時は驚きましたが、すぐに合点がいきました。２０１４年に英オックスフォード大学のマイケル・Ａ・オズボーン准教授らが論文で「10年後になくなる仕事」を発表し話題になりました。そのなかに将来ＡＩ（人工知能）にとって代わられる代表的な仕事としてコールセンターのオペレータが挙げられていたので、情報に敏《さと》い方々の間ではたちまちそうした認識が一般的なものになっていったのでしょう。

コールセンターのオペレータはストレスフルなお仕事です。一日中座りっぱなしで、仕事の内容は電話対応のみ。ひたすら電話という仕事は、実際やってみて初めてその辛さがわかります。しかも大半が非正規雇用にも関わらず、その会社を代表してクレームを受けることも多く、理不尽な理由で謝ることも少なくありません。

こんな大変なお仕事は、なくなってしまった方がいいのかもしれません。「コールセンターのオペレータ」というお仕事は、目指してなるような職業ではないし、「将来はコールセンターのオペレータになりたい！」なんて子どもはまずいません。

でも、オペレータのお仕事ってそんなに皆が口々に言うほど、なくても困らないものでしょうか。

もちろん、将来ＡＩの技術が進歩して、ほとんど人間のオペレータと変わらないシステムができるかもしれません。けれど、世の中からオペレータがいなくなったらどうなってしまうんだろうと、ふと疑問に思うのです。

コールセンターのオペレータには、会社や社会から求められる以上の仕事をしている人がたくさんいます。問い合わせに答えるだけでなく、相手を気遣い、言い出せない要望を汲み取って対応をしたり、素晴らしい応対でお客様を感動させる人もいます。高齢のお客様はＩＶＲ（音声ガイダンス）の操作が理解できず困り切ったところにようやくオペレータと電話がつながり、ほっと安堵の声を漏らす人もいます。

大変なお仕事ではあるけれど、オペレータがコールセンターで働いて得られるものもあります。夢との両立のために時給が高く勤務形態がフレキシブルなコールセンターで働くオペレータはたくさんいますし、オペレータから正社員に登用されて、「今までずっとフリーターだったけれど40代にして初めて正社員になれた」と嬉しそうにしている元オペレータもいました。

そして何より私自身、コールセンターで得たものが数え切れないほどあります。

私は相手とまともに会話をすることすらできないくらいに口下手な人間でした。いつも誰かと話をした後は、どうして上手く話せないんだろうと自己嫌悪に陥ってばかりいました。

そんな私が新卒で就職した会社で偶然コールセンターに配属され、毎日半ば無理やり電話でお客様と話をさせられたおかげで、なんとか人並みに話す力を得ることができたのです。もちろん私のケースは特殊だとしても、仕事の能力や、やりがい、お給料など、コールセンターで働くうちに、皆何かしら得てきたものがあるにちがいないと思います。

コールセンターで働くということは、こんなにも面白く、毎日驚きがいっぱいで、成長する場面がそこかしこにあり、決して無価値なものではない。簡単に何かにとって代わられるような仕事だとは思えないのです。そう伝えたくて私はこの本を書かせていただきました。

コールセンターにお勤めの方も、そうでない方も、この本を読んで少しでも、「コールセンターのお仕事って面白いな」と思っていただければ、こんなに嬉しいことはありません。

最後にこの本を執筆するにあたりご協力くださった皆さまにこの場を借りてお礼を申し上げます。コールセンターにお邪魔させてくださった企業さま、インタビューをさせてくださった皆さま、そして座談会に参加してくださったSV研究会の皆さま、本当にありがとうございました。また長年4コマを担当してくださり、いつも助けてくださる担当編集のI川さまにも心から感謝しています。

今までたくさんの人たちが苦労のうえに培ってきたものがあるから、今のコールセンターがあります。これからも、少しでも許される限りその絆をつないでいけたらいいなと願っています。

榎本まみ

著者紹介

榎本《えのもと》まみ

新卒で信販会社に入社し支払延滞顧客への督促を行うコールセンターに配属される。多重債務者や支払困難顧客から怒鳴られながらお金を回収する日々の中、心を病んで次々に辞めていく同僚を見て一念発起、クレームや罵詈雑言をプラスに変えてオペレータの心を守る独自メソッドを開発する。クレジットカードの回収部門では300人のオペレータを指示し、年間2000億円の債権を回収するという実績を上げる。督促やお金に関する4コマを描いたブログ「督促ＯＬの回収４コマブログ」はアメーバブログの４コマランキング１位を獲得。公式トップブロガーとなる。また、気弱なＯＬが海千山千の債権者から言い負けず回収できるようになるまでを鮮明に描いた「督促ＯＬ修行日記」（文藝春秋）は、発売直後から業界内外で大きな話題を呼び、10万部を突破。コールセンターの存在を一般読者に伝えるベストセラーとなった。現在もコールセンターで働きながら「オペレータの地位向上」を目指し、講演・執筆活動など幅広く活躍している。

「督促（トクソク）ＯＬの回収４コマブログ」
http://ameblo.jp/tokusokuol/

督促OL《とくそくオーエル》 コールセンターお仕事《しごと》ガイド

2017年2月27日　第１版第１刷　発行

著　者　榎本《えのもと》 まみ
発行人　土岡 正純
発行所　株式会社リックテレコム
〒113-0034 東京都文京区湯島 3-7-7
振替　00160-0-133646
電話　03(3834)8380(営業)
03(3834)8104（編集）
URL　http://www.ric.co.jp/

装　丁　トップスタジオ デザイン室
（轟木 亜紀子）
組　版　株式会社トップスタジオ
印刷・製本　壮光舎印刷株式会社

ISBN978-4-86594-076-3

Printed in Japan